성인聖人을 위하여

늘 변함없는 나의 벗,
사랑하는 아내 경아에게

성인聖人을 위하여

심창용 지음

청어

목차

2편. 열사의 나라 통신

1편
유유심지 惟有心志

I. 들어가는 말

"거기에는 실험 같은 것이 없었습니다. 관념이란 항상 모험을 필요로 합니다. (중략) 사상의 생명력은 모험에 있습니다. (중략) 관념은 오래가지 못합니다. 관념에 대하여 무엇인가가 시도되어야 합니다. 관념은 끊임없이 새로운 국면에서 고쳐보도록 해야 합니다. 어떤 새로운 요소를 제때에 그 속에 새롭게 이끌어 들이도록 해야 합니다. 그것이 멈추어졌을 때 관념도 정지되고 맙니다. 삶의 의미는 모험입니다. (중략) 인간의 생명력은 모험에 있습니다.[1]

비잔틴인들과 이슬람교도들은 그들 스스로 문명화하였다. 그렇기 때문에 그들의 문화는 그 고유의 활력을 지니고 있었으며, 물리적 및 정신적 모험으로 유지되고 있었다. The Byzantines and the Mahometans were themselves the civilization. Thus their culture retained its intrinsic energies, sustained by physical and spiritual adventure.[2]

1. 이성理性 그리고 철학哲學

고등학교 1학년 때, 윤리학 시간에 철학이란 말을 처음 배웠다.

---

1 화이트헤드와의 대화 Dialogues of Alfred North Whitehead p 448~451
2 Adventures of Ideas by Alfred north Whitehead. P 82

Philos(사랑)와 Sophia(지혜)의 합성어로서 'Philosophy'가 철학이라고 칠판에 써주신 윤리선생님이 생각난다. 진리를 사랑하는 것이 철학의 근본 주제라는 것이 선생님의 말씀이셨다.

중학교 1학년 시절에는 국어선생님이 칠판에 한글로 '이성'이라는 말을 크게 쓰시어서 우리는 이성異姓에 호기심이 많던 차, 킥킥거리며 웃음을 터뜨리자 선생님은 안면을 정돈하신 후 정색을 하시고 이성이 '理性'임을 한자로 크게 써주시며 그 '理性'이라는 단어의 개념을 차근차근 설명하며 가르쳐 주셨다.

아주 선명하게 마음에 박힌 그 '理性'은 그 후 나의 생활에 깊숙이 자리 잡게 되었다. 초등학교 시절에 아이들에게 따돌림을 당하고 감정에 휩싸여 정서적으로 불안해하던 차 그 '理性'이 새로운 생각, 사고를 하게 되었고 그 '理性'을 염두에 둔 생활을 함으로써 불안했던 사춘기에 감정(Feeling)을 다스리고 정서적 안정(Emotional)을 꾀하는 초석이 되어, 일종의 생활의 신앙이 되었고, 가치가 되었고 양심이 되었다. (그 '理性'이)

고등학교 윤리선생님의 理性 즉 넓은 의미의 철학은 체계적이고 고차원적이었으며 비로소 Philo+sophy 세계의 문을 여는 계기를 마련해 주셨다.

앨버트 슈바이처 박사의 생명에의 외경심, 마태복음의 가난한 심령을 가르쳐 주셨고 그 후에는 대학생활까지 아니 현재까지 연구하고 있는 칸트의 비판철학(The Explore of Universal Law)을 의미 있게 은근히 재미있게 가르쳐 주셨다.

한용운의 「님의 침묵」이 향기를 남기고 사라져 가버리듯, 그렇게 아주 은근한 여운을 남기며 칸트의 비판철학(The Categorical Imperative)은 서서히 나타나기 시작하였다. 이해할 수 없지만 이끌리는 힘에 어찌할 수 없이 도서관을 뒤져 칸트의 두꺼운 책(순수이성비판)을 빌리자 도서관장 선생님이 "솔직히 너 그거 다 읽을 수 있니?" 하고 의심스럽다는 듯 물으며 도수 높은 안경 너머 쳐다보시던 고등학교 시절이 선명히 기억이 난다. 그 말씀이 왠지 마음에 부담이 되어 책을 대여한 다음날, 한 장도 안 읽고 반납해 버렸다. 첫 장을 열어 읽게 되면 어디까지 전개될 지 스스로 자신감이 없었기 때문이었을 것이다. 아마도 감당하기 힘든 무게를 나의 무의식이 이미 알았기 때문이리라. 그때가 고등학교 3학년 때였다. 항상 책은 학교 공부와 함께 따라왔다. 어려운 수학문제를 풀든 영어공부를 하던지 간에 학과수업과 함께 점점 어렵고 힘든 또 다른 교과서(순수이성비판과 같은)들은 줄기차게 따라붙었고 그것은 정신적 짐이면서도 새로운 활력은 주는 재미가 되기도 했다.

2. 학교 공부 그리고 의문들

고등학교 1학년 때 고민은 내가 왜 공부를 해야 하는가가 의문이었다. 이런 저런 수학공식을 풀고 국어책을 읽고 외우는 작업을 왜 해야 하는가? 실제로 쓸모가 있는 공부인가 아니면 (그 시절 그 당시에) 거쳐야 할 과정이었는가?

고민 끝에 다소 엉뚱하다시피 한 결론을 내리고 말았다. 기왕에 공부하는 것이 세상에 나가 잘나가고 이름을 남기고자 하는 것이라면(?) 소위, 세상에서 위대하다고 하는 사람들의 생활을 연구하여 따라하는 것이 학교에서 국어, 영어, 수학 공부하는 것보다 빠른 지름길이 아닐까 하는 것이었다. 위인들 — 그들이 갖고 있는 그 무엇을 나도 갖추게 되면 그들과 같이 그렇게 되는 것이 아닐까라고 생각하기에 이르렀다. 이제와 생각하면 소위 사숙이 아니라 사사가 시작되었고 사회학습이론에서의 모델학습내지 대리학습 비슷한 것을 하게 된 것이다. 그리하여 학교공부와 병행하여 나름대로의 지적모험의 세계에 빠지게 되었다.

3. 정신적 모험spiritual adventure

우선 머리가 세계에서 제일 좋다는 아인슈타인에 관한 해설책(그 당시 큰누님이 도서관에서 빌려온 책 중 아마 유태인의 교육철학이라는 단행본에 아인슈타인에 대한 이야기가 실려 있었다.)을 읽기 시작했다. 아인슈타인이라고 굳이 부르고 싶지 않고 아슈인(또는 돌멩이)으로 부르고 싶은 이유는 FULL NAME이 주는 의미가 상당히 왜곡된 이미지로 다가오기 때문이다. 우리는 각자가 다른 아인슈타인을 갖고 있다. 부르는 이름은 같지만 주관적으로 각자가 다른 의미를 부여하고 있다. (내가 마음에 새기고 있는 이름을 어디서 발견했는데 실제 전혀 다른 사람이 나타나서 실망한 적이 있다.) 약자로 아슈인이 유태인이었음을 알게 되었고 유태인에 대하여 탈무드를 읽어 보기 시작하였으며 더 알아본 결과 유태인의 교육철학에 대한 책의 해설서에서 아슈인이 자신이 천재가 된 것은 **정신적 모험**을 해왔기 때문이라고 쓴 것을 읽게 되었다. 아마도 작자에게 비추인 아인슈타인의 면모 중 극히 일부를 주관적으로 해석하여 책을 써 놓은 것 같다. 여기에도 또 다른 아인슈타인이 있는 것이다. 거기서부터 정신적 모험이란 무엇일까라고 궁리하게 되었다. 모험이라고 하면 히말라야 산을 정복한다든지 밀림을 탐험한다든지 하늘에서 낙하산으로 점프하는 것을 말하지 도대체 **정신적 모험**이란 무엇일까?

이러한 식으로 의문을 갖게 되었고 여기서 결국 고등학교 학생으로서의 나의 정서상의 혼돈의 단초가 당겨졌던 것이 아닐까 생각이 든다. 왜냐하면 그 당시 학급에서 반장으로서의 현실 생활과 학교생활 외에 제2의 추상적 지적 탐구 생활을 하게 되어 이중고 삼중고의 소위 정신적 질풍노도(storm and stress)가 휘몰아치기 시작했기 때문이다. 제2의 생각들은 결국 학급에서의 반장생활과 학교에서의 선생님들의 학교공부(학습)를 모두 아우르는 어떤 통합적이고 직관적인 생각의 단초를 찾으려는 시도였는데 그것이 뜻과 달리 더욱 꼬이게 된 것이 어떤 감정 즉 정서적 불안을 더욱 자초한 것이 아닌가 생각이 든다. 한마디로 정신적 개골창에 빠진 것이다.

이성적인 사고만 치우쳐 그것에만 급급했지 감정 즉 정서적인 안정이라든지 종교적이고 신앙적인 마음의 안정 같은 것은 소외된 채로 살아오기 시작한 것이다. 사실 현실적으로 벌어지는 입시에 대한 압박과 학우들과의 갈등과 그들을 대표해야 하는 자리에 대한 심리적 중압감들이 정서적인 황무지 상태로 이끌었던 것은 아닐까? 그때 차라리 異

性 친구와의 교제를 통하여 진정한 또는 완성된 또 다른 나의 아니마(anima: 남성 속에 자리 잡은 여성성)에 대한 탐구를 시작하였다면 반쪽짜리 탐구생활은 보다 충실할 수 있었을지 모른다. 그 때 이성내지 동성의 친구들과 놀면서 보내고 TV를 보면 지내도 되는데 위대한 사람이 되려면 어떻게 해야 하는지 아니, 왜 공부를 해야 하는지?의 이 회의懷疑가 그런 정서적 혼란 상태의 단초를 제공하게 된 것이다. 지금에야 그런 생각을 해보게 되는 것이다.

소위 입시지옥이라는 절대적인 숙제와 같은 주어진 생활공간의 감옥, 그리고 그 안에서 해결해야 할 생활의 여러 부분들 그리고 그 기만, 모순, 변화들 속에 골이 깊어가는 정서적 메마름이 양극적인 인격을 나타내게 된 것이 아닐까 해석해 본다. 이렇게 어쨌든 고등학교 1학년 이후, 불안하게 나는 소위 정신적 모험을 하기 시작했다.

4. 보편적 입법의 원리Universal Law

산이나 들로 나가 탐험을 하는 것이 아니라 나를 괴롭히듯 자아를 고의적으로 자신 밖으로 쫓아내고 다른 위대하고 평가하는 사람의 생각과 영혼으로 채우려 노력하였고 변화하려고 하였다.

자신을 찾는 것은 나를 다른 사람으로 바꾸어 주위 환경에 적응하는 것이라고 가치관이 변하게 된 것이다. 중학교 시절의 자아를 내팽개치고 소위 위대한 영혼을 불러내어 자신의 의식에 쑤셔 넣듯이, 반복하여 읽고 외우고 실천해 보고 환경에 맞지 않으면 다시 읽고 외우고 행동해 보았다.

　나를 팽개치려는 욕구는 스스로 내가 싫었기 때문이다. 급우가 나를 골목에 불러 위협하려는 듯 공포분위기를 조성하는 것에 새처럼 떨던 그 느낌이 지금은 마치 하이데거의 실존(Dasein)에서 나타나는 상태(죽음으로 산산이 부서질 미래의 종국점을 돌이켜 현재에 어떤 존재로의 상태)를 경험하여 익히게 되었다.

　고등학교 1학년 때 반장으로 선출되어 나름대로 우쭐할 때, 그날 하교 길에 만났던 그 공포 분위기, 폭력 그리고 무너진 자존심과 인간성에 대한 의심! 중학교 때도 약하지만 비슷한 경험을 했지만 똥 밟았다는 듯 홀홀 털어버렸는데 그날은 중학교 때와 같이 그렇게 쉽게 털어지지가 않았다. 왜 그렇게 된 걸까? 툭툭 먼지를 털어 버리듯 홀가분하게 기분전환을 하지 못했을까? 그 이후에 계속되는 생활의 약속이 그 털어버림의 자유를 느끼지 못하게 한 것은 아닐까?

　매일 같은 반에서 만나면서 반장으로서의 의무 should와 must를 수행하려 했고, 반드시 덩달아 오는 그 폭력과 공포분위기 그리고 그로 인한 허무감과 함께 신경증적 이상 증후군들이 느껴지기 시작했다. 왜 그 때 그들 중 한 명으로서 어울려 그 친구들을 이해하려 하고 같은 편이 되지 못하고 도리어 세상의 악을 대하듯 대적하고 싸우고 마음속으로 저주를 했는가?

　단순하게 반장으로서의 잘나고 싶어서일까? 그것일 수도 있다. 나만 선하고 상대는 악하다는 절대적인 고정관념이 그 골목에서 그렇게 각인 된 것이고 그것은 고등학교 내내 신경증에 시달리게 만들고 대학교 들어서면서 본 세상의 실제적인 폭력적 상황(데모와 진압)이 나를 한순간에 뒤집어 놓고 해방구를 대학교 입학 이후 만난 그 분에게서 무의식적으로 찾으려 하였다.

아인슈타인의 물리학은 정신적 모험으로 대표되는 것이라면 보다 구체적이고 실천 가능한 어떤 규칙내지 명령이 필요했고 그 단초를 (앨버트 슈바이처의 책 『람바레네 통신』, 『물과 원시림 사이에서』, 『나의 삶의 사색에서』 등 3권을 읽고) "생명에의 외경심"으로 사고를 전환하게 되었다. 조건 없이 생명에 외경심을 품는 것도 또한 어떤 또 다른 사고의 전환점 된 일반적인 원칙이었고, 변화 많은 학교생활에 일일이 의식적으로 대입하자니 골치만 아파왔다.

그러던 차 윤리참고서에서 당시에 행복한 발견을 하였다. 다름이 아니고 아직도 연구하고 잘 모를 그 정언명법(The Categorical Imperative)이었다. 여기서 세 가지 명령을 쓸 필요가 없지만 그 중 가장 난해한 것 타당이라는 단어였다.

칸트의 비판서 3권을 읽고 지금 생각해 보면 크리스천으로서 구원과 같은 의미가 통하는 어떤 현세를 탈피한 이상향에의 갈구를 그렇게 찾았던 것 같다. 조건 없이 따라야 한다는 것도 골치 아픈 것이었지만 도대체 나의 타당한 의미란 무엇이냐는 것이었고 후에 알게 되었지만 그러한 가치관과 생활은 항상 갈등을 일으키고 그 중 하나를 선택하면 한쪽은 갈등을 안고 살아야 할 것 같았다.

그리고 후에 대학교 입시 때 1순위, 2순위, 3순위 칸에 오로지 1순위에 물리학과만 써 넣었더니 면접 교수님이 안경을 벗으며 심사숙고

하듯 관심을 가지고 질문을 하셨다. 솔직히 그 당시 지원 동기는 그 나의 정언명법 중 타당성이라는 것을 물리학에서 찾아야 한다는 갈망이었다. 고등학교 공부에 시달리고 시험을 포기한 친구들에 시달리며 학도호국단 활동과 학생 간부생활을 해야 했는데 해방구로 비판철학을 알게 되었고 그 정언명법만이 나의 생활의 비상탈출구가 되었고 그것이 이렇게 중년의 이 나이에도 연구하게 되었다.

여기서 비판철학이란 반성적 고찰을 통하여 자기 자신을 세우는 철학임을 이제야 감을 잡고 말한다.

학교생활에서 왜 부드럽지 못하지? 왜 급우들의 관계에서 다정함이 없었지? 왜 다른 급우들을 용서하지 못하지? 그것을 합리적 정언명법을 마음속에서 수십 번 외우고 다니며 생활하였던 게 고등학교 3학년 시절이다.

그런 의문들이 여기까지 철학공부를 하게 했고 앞으로 어떤 공부를 하게 될 것인가 고민하였다. 친구들과 사귀는 관계와 공부의 재미들이 있었던 것 같다. 그런데 위인들을 배우고 그 사상들을 깊이 파고들어 갈수록 미궁에 빠지고 마음이 괴로운 고등학교 시절이었다. 그러한 탐구하는 마음에 명확한 행복한 것들을 다시 갖고 살려면 좀 더 자신을 들여다보아야 했다.

지나오면서 사고의 전환점의 틀들을 구체적인 생활에 적응하면서 수많은 선택을 했고 갈등을 겪어 오며 받은 그 마음의 상처는 사실이고 부정할 수는 없다.

실제로 고등학교 3학년 때에는 정언명법을 기억해내며 급우와 대화하다가 왜 뚫어지게 쳐다보냐 상대학생이 시비를 걸어 학생식당에서 싸움이 일어날 뻔한 적도 있다. 도대체 이놈의 보편적 입법의 원리를 어떻게 이해했기에 이 모양의 싸움까지 일어나는 것일까? 지금은 고등학교 3학년이니 대학교에 일단 입학하고 그 후에 생각해 보자고 보류하여 접기도 했고 그래도 물리학이 아이슈타인의 상대론이나 뉴턴역학들을 가르치므로 보편타당한 법칙을 찾기에 가장 적합한 공부라고 단정을 내리고 말았다.

이제 생각해보면 이미 일어난 지난 일들이다. 스스로 부족하며 아직도 그러한 삶의 연속임을 인정해야 한다. 그대로 그렇게 안고 가되 더 알아보고 성찰해보고 살아보고 삶의 끝까지 가보아야 하지 않을까? 더 이상 추가적인 단정은 중지하자. 열려진 마음으로 엄한 것으로 대충 틀어막아 마무리하려 하지 말자. 거기까지다.

II. 철학

	SPINOSA(일원론)		(결정론) Newton 力學
	DAVID HUME (경험론자)		
	Immanuel Kant (Universal Law)		
쇼펜하우어		헤겔	
니체(現代를 연 思想家)		Karl,Max (자본론)	Einstein 現代物理學 Feynman 量子力學
훗설, HEIDEGER (Finalism, 現在中心)			
싸르트르(실존주의, 未來中心)			
데리다 (해체주의, Responsibility, justice)		하버마스 (의사소통 해위론)	

1. 칸트: 비판철학

「이성적 존재자는 그가 저지른 모든 반법칙적 행위에 관해서, 비록 그것이 과거의 현상이라고 충분히 규정되고, 그런 동안 불가피적으로 필연이라고 하더라도, 자기가 그런 행위를 아니할 수도 있었다고 정당히 말할 수 있는 것이다. 왜냐하면, 그 행위는 그것을 규정하는 모든 '과거'와 함께, 이성존재자의 성격의 유일한 현상에 속하기 때문이다. 성격은 이성존재자 자신이 만드는 것이요, 그런 성격에 의해서 이성존재자는 모든 감정에서 독립해 있는 원인으로서의 자기 자신에게 저 현상의 원인성을 돌려보내는 것이다.」[3]

「하나님의 개념은 과연 물리학에 속하는 것이냐(따라서 물리학의 선천적인 순수원리들을 일반적 의미에서 포함하는 형이상학에도 속하는 것이냐), 혹은 도덕에 속하는 개념인가 하는 중요문제에 답이, 이제야 용이하게 발견될 수 있다.

자연의 '조직'이나 혹은 자연의 변화를 설명할 즈음에, 만물의 창조자인 하나님한테 의거한다면 그런 설명은 적어도 아무런 물리적인 설명이 아니라, 일반으로 우리의 철학이 종국에 달했다는 것을 자백하는 것이다. 왜냐하면, 사람이 그 눈앞에서 보는 것의 가능성에 관하여 어떤 개념을 형성하는 데에, 그는 원래 그것만으로 전혀 이해되지 않는 것을 가정하도록 강요되어 있기 때문이다.」[4]

---

3 실천이성비판, 최재희역, 박영사 P 108~109
4 실천이성비판, 최재희역, 박영사 P 151

「자유의 법칙인 도덕법은, 자연에서 독립한 규정근거에 의해서 명령하고, 또 자연과 우리의 욕망능력과의 일치에서도 독립한 규정근거에 의해서 명령한다.」[5]

「자유가 어떻게 가능한가, 어떤 종류의 원인성을 어떻게 이론적으로 또 적극적으로 사람이 표상해야 할 것인가 하는 것은, 그로 인해서 통찰되지는 않는다. 오직 자유의 원인성이 있다는 것이, 도덕법에 의해서 또 도덕법을 위해서 요청된다. 자유 이외의 다른 이념에 있어서도 사정은 마찬가지이다. 이 다른 이념들의 가능성을 어떠한 인간 오성도 결코 구명하지는 못할 것이다. 그러나 어떠한 궤변이라도 이런 개념들이 참된 개념이 아닌 것을 가장 평범한 인간에게라도 확신시키지는 못할 것이다.」[6]

「자연법칙은 도덕적 원리들에 좇아서 행위의 준칙을 판정하는 전형이다. 만약 행위의 준칙이 자연법칙 일반의 형식에 즉해서 검정 받아도 좋을 성질의 것이 아니라면, 그런 준칙은 도덕적으로 불가능할 것이다.

상식이더라도 이처럼 판단하는 것이다. 자연법칙은 모든 극히 일상적인 판단의 기본에 항상 놓여 있고, 경험판단들의 기본에도 항상 놓여 있고, 이에 상식은 자연법칙을 항상 손앞에 가지고 있다. 상식은 '자유에서의 원인성'이 판정받아야 할 때에, 자연법칙을 자유법칙의

---

5 같은 책 P 136
6 같은 책 P 146

전형으로 삼는 것 뿐이다.

왜냐하면, 상식은 경험의 경우에 실례로 삼을 수 있는 것은 손 앞에 가지지 않고서는, 순수한 실천이성의 법칙을 실용할 수 없기 때문이다.」[7]

「즉, 주체의 자유와 공존할 수 없는 자연적 필연성은 시간의 제약 아래 있는 사물의 성질에만 상관한다. 따라서 자연적 필연성은 현상으로서의 행위 주체의 성질에만 상관한다. 이러므로 그런 한에서 주체의 모든 행위를 규정하는 근거는, 과거에 속하는 것 안에 있고, 이미 주체의 힘이 좌우하지 못하는 것 안에 있다.

이러한 것으로 주체가 이미 행한 과거 행동과 그 행동에 의해서 그가 규정받는, 자기 자신의 눈이 보는, '현상으로서의 성격'을 우리는 들 수 있다.

그러나 동일한 주체가 딴 편에서 자기를 물자체 그것으로 의식하고, 이런 주체는 시간의 제약 아래 있지 않는 한의 자기 존재를 고찰하며, 자기 자신을 법칙들에 의해서만 규정할 수 있다고 본다. 이 법칙들은 주체가 이성에 의해서 자신에게 주는 것이다. 주체의 이러한 존재에 있어서는 그의 의지결정에 선행하는 것이 도무지 없다. 이런 존재의 모든 행위 일반적으로 내감에 따라 변화하는 이런 존재의 모든 성질, 감성적 존재로서의 그의 현존의 전술계통까지도, 그의 가상적 존재의 의식에 있어서는 '가상체로서의 그의 원인성'의 결과로 틀림없이 보아져야 하고, 결코 가상체로서의 그의 원인성을 규정하는 근거로 보

---

7 같은 책 P 77

아져야 할 것이 아니다.」[8]

「이 요청들은, 영혼의 불멸·적극적으로 보아진—가상계에 속하는 한의 한 존재자의 원인성으로서—자유·하나님의 생존 등이다. 첫째 요청은 도덕법의 완전한 수행에 적합한 지속적인 삶이라는 '실천적으로 필연한 조건'에서 생기는 것이다.

둘째 요청은 감성계로부터의 독립에서 생기고 또 가상계의 법칙에 따라서 자기 의지를 규정하는 능력 즉 자유의, 필연적인 전제에서 생기는 것이다.

셋째의 요청은, 최고의 독립적인 선 즉 하나님이 생존하신다는 전제에 의해서 가상계에서 최고선이 존재하기 위한 '조건의 필연성'에서 생기는 것이다.[9]」

「이렇기에 하나님의 개념은 근원적으로 자연학에 즉 사변이성에 속하는 개념이 아니라 도덕에 속하는 개념이다.」[10]

「즉, 하나님이 존재하는 것, 이승에서의 나의 생존은 자연적 결합 이외에 또한 순수한 오성계에서의 생존인 것 또 내 생존의 존속은 끝없는 것 등등을 나는 의욕 한다. 왜냐하면, 이런 태도는 내 관심이—이 관심을 내가 조금도 소홀히 해서는 안 되기 때문에—나의 판단을 결정

---

8 실천이성비판, 최재희역, 박영사 P 108
9 같은 책 P 145
10 같은 책 P 153

하고 헛된 궤변을 돌보지 않는, 유일한 태도이기 말이다.」[11]

「이러므로, 자연은 우리의 목적에 소요되는 능력에 관해서 계모가 돌보아 주듯이 우리를 돌보아 준 것 같다.」[12]

사람이 살아가는 데는 본능이 있어 살아 갈 수 있는데, 대학교 학회실에서 물리학 공부를 아주 잘하는 어떤 후배에게 이런 말을 한 적이 있다. "네가 배운 그 물리학적 지식은 사실은 이미 네 머리에 있는데 그것을 공부한다는 것은 단지 그것을 일깨운 것뿐이다"라고 말한 적이 있다. 이것은 사실인가?

우리가 알고 있는 이 세상에 대한 사실은 이미 우리가 이미 알고 있었던 것일까? 아니면 전혀 모르고 있었는데 경험하고 학습하면서 알게 된 것일까? (tabula lasa 이론) 갓난아기가 자라며 성장해 가는 과정을 보면 어떤 것은 경험을 하게 해야 하고 어떤 것은 깨우쳐 주어야 한다. (줄탁동시처럼) 여기서 비판철학의 주제가 나온다. 코페르니쿠스적 사고의 발견이라고 부르는 발상의 전환이 그것이다.

수학문제를 풀 때, 예를 들어 복소수나 허수 또는 도형의 피타고라스 성질 같은 것은 경험적으로 아는 것이 아니다. 그것은 분석적으로 현재 있는 본유적인 어떤 것을 부연하여 설명, 수학적인 기호로 표현한 것이다. 이것이 수학적인 사고이다. 가령 수학의 공리(Axiom) 같은 것들. 그러한 공리로부터 수학은 시작되는 연역적인 학문이다. 반

---

11 실천이성비판, 최재희 역, 박영사 P 156
12 같은 책, P 159

면에 물리학적 사실들은 실험을 통하여 관성의 법칙이나 자유낙하의 중력법칙 등 경험을 통하여 알 수밖에 없는 종합적인 관찰된 경험적 사실에 관한 학문이다. 어떤 사실에 추가로 더하여 경험과 이성. 실험과 이론 등 종합적 사고가 체계적으로 지식화한 것이 물리학이고 자연과학 방법론이다.

분석적 사고와 종합적 사고의 생각의 틀에서 다시 이렇게 질문을 던진다. 선험적으로 분석된 사실과 후천적으로 종합된 사실에서 선험적으로 종합된 사실이 가능한가? 이것이 칸트의 철학의 근본적인 답변에 들어가는 질문이다. 선험적 이성만으로 종합적 사고가 가능하다는 것은 분명 관념론적이지만 칸트의 본래의 의문은 관념론이란 언어로만으로만 표현할 수 없고 다른 단어가 필요하다. 언어란 것이 대체 무엇인가?

또 다른 결론은 우리가 사물을 바라볼 때 우리 이성이 선험적으로 갖고 있는 사고를 통해서 사물들을 파악할 수 있다는 것이다. 우리의 틀, 사고의 틀(paradigm)을 통해서만 사실을 본다는 것이다.

각개 물物은 현상으로서 존재하지만, 우리의 이성 속에 존재하는 그 사물의 그 모습은 물자체라고 보는 것이다. 관념론이라고 단념하는 단초를 제공하는 그 근거의 아이디어가 여기서 보인다. 물자체는 결국 실천이성을 통해서 모습이 드러날 수 있다고 보기도 하고 그러한 것과 다른 어떤, 언어화하기 힘든 것으로서 표현의 한계를 느끼는 불가지론적인 담론으로 빠지는 경향이 있다. 버트란드 러셀은 주로 후자 쪽에 중심을 두면서 전자의 어떤 의무를 현명하게 풀어 나갔다. 사회학적이고 심리학적인 치료자의 입장에서 수학자 러셀은 물 자체를 세속화시켜 내팽개쳐 버렸다.

현상에 대한 인식으로서 순수이성비판에서는 그 선험적인 것의 한계를 명확히 함으로써 혼란된 철학을 정리 정돈하여 논쟁거리를 심연 속으로 가라앉혀버린다.

(1) 순수이성에 대한 비판

이성 제일주의자들이 빠져든 웅덩이에서 건져낼 그 무엇이 있는지 알아보고자 시작한 이 비판철학은 결국 자연과학의 정초를 쌓게 되었고 자연주의로의 안내자 역할을 하게 된다. 잘못된 범주 적용으로 혼란에 빠진 버클리 주교와 같은 이들의 합리론자의 오류를 지적하고 그 범주를 데이비드 흄과 같은 경험론자의 철학을 인정하는 복합성으로써 순수이성비판은 가치가 있는 작업을 아주 훌륭히 해냈다. 과학적 자연주의는 살아나고 혼란에 빠뜨렸던 이성제일주의는 정리가 된다.

이제 구체적으로 들어가 보자. 철학적 물속으로 들어가 보자. 우리는 무엇을 알 수 있는가? 우리가 혼란에 빠진 철학의 사고방식에서 던질 수 있는 해결되어야 할 질문들은 첫째, 우리는 무엇을 알 수 있는가? 라는 인식론적 문제와 둘째, 우리는 무엇을 해야만 하는가? 하는 윤리적인 실천적 문제 그리고 우리는 무엇을 바라고 희망해도 좋은가? 하는 판단적인 문제로 집약될 수 있다. 이러한 질문들은 스스로 자신을 찾아가는 시대정신인 칸트의 자신의 문제로 연결되어져 있다고 보면 어떨까?

① 선험적 감성론

우리는 이 세상과 대면하여 오감을 통한 지각을 통하여 제일먼저 외부세계와 접촉한다. 그것은 마치 피할 수 없는 우리 이 세상 속의 삶을 살아가기 위한 본능이다. 우리가 세상과 만나는 첫 번째 것이 지각(perception)이다. 여기서 말하는 것은 그런 감각 자체를 말하기보다 그 형식 즉 칸트의 단어로 선험성을 따지고자 한다. 그것을 후천적 감각(sensation)에 비하여 직관(intuition)이라고 한다.

◆ 내재적 직관형식: 시간

칸트의 철학은 기본적으로 '인간이란 무엇인가'로부터 시작된 인간학이라고도 볼 수 있다. 우리가 무엇을 알 수 있고 무엇을 할 수 있으며 무엇을 바랄 수 있는가의 근본적인 질문의 배후에는 인간이란 무엇인가에 대한 탐구적 질문이 들어 있으며 이는 어떤 방법론을 모색하게 되고 이를 통하여 건축술적인 방법론으로 독특한 비판철학을 건설하게 된다.

시간이란 것은 인간의 인지능력 중에 한 직관형식 중 내재적인 직관형식으로서 일반적으로 우리가 말하는 시간과는 그 개념이 다른 것이며, 과학자들이 말하는 시간과도 다소 차이가 있는 개념이다. 외재적 직관형식과 대비한 내재적 직관형식으로서 시간을 언급했을 뿐이다.

물리학에서는 시간을 물리량(Physical Quantity)으로 측정한다. 나와 별개로 시간이 물리적인 양으로서 존재하고 측정되는 것으로 보지만 칸트에게서는 시간이 우리 인간에게 주어진 선험적인 직관의 한 형식으로 본다. 물리학에서 보는 시간과 관점이 상이하다. 물리학적 지식 속에 존재하는 시간과 나의 내면에 존재하는 직관의 한 형식으로서의 시간은 다른 관점으로 본 다른 시간이다. 상대론적 이론에서는 빛의 속도가 관측자의 운동 상태에 무관하게 일정하다고 가정함으로써 인간의 직관 형식인 시간과 공간이 휜 것처럼 혼동케 하다. 여기서 중요한 변별력이 작동해야 한다. 상대론 시각에서의 시간과 인간의 내재된 직관으로서의 시간은 별개이다. 상대론은 빛의 일정한 속도를 가정함으로써 물리량으로서의 시간이 축소되거나 늘어난다. 그렇다고 인간에게 내재된 직관의 한 형식으로서의 시간이 늘어나거나 줄어든 다고 착각하면 안 된다. 인간의 내재된 직관형식으로서의 시간은 선험적인 것으로서 변함이 없다. 단지 물리적 양으로서의 시간이 빛의 일정한 항상성을 가정함으로써 늘어나거나 줄어드는 측정치가 된다는 말이다. 인간 내면에 내재한 직관의 형식으로서의 시간과 공간은 항상 변함이 없지만 수학적 추상세계로서의 상상적 시간적 이론으로서의 물리적 측정량은 늘어나거나 줄어든다는 것이다.

KANT의 시간	내적 진관의 형식		
HEIDEGER의 시간	−피투적 기투 −죽음에 이르러 산산히 부서질 未來가 다시 돌아와 주어진 現時性		
EINSTEIN의 시간	−특수상대성이론	$t = \dfrac{to}{\sqrt{1 - v^2/c^2}}$	시간은 속도와 관계하며 길어질 수 있다.
	−일반상대성이론	(등가원리) 관성질량 =중력질량[13]	spacetime $T^2 - (X^2 + Y^2 + Z^2) = 1$ 시간과 공간은 연결(연계,Relation) 되어 있다.[14]

◆외부의 직관형식: 공간

공간도 마찬가지로 외부의 직관형식으로서 선험적인 감성 (sensation)의 직관형식이다.

◆선험적 심리학

심리학에서는 자아정체성(identity)을 파악하고 유지하며 가꾸어 나가는 것이 제일의 과제이다.

② 선험적 오성론

오성(understanding)이란 것은 직관(intuition)과 대비하여 다른 것으로서 넓은 의미의 이성과 같다. 칸트의 경우는 직관, 오성, 이성의 3

---

13 The ratio of the mass of two bodies is defined in mechanics in two ways which differ from each other fundamentally; in the first place, as the reciprocal ratio of the accelerations which the same motive force imparts to the (inert mass), and in the second place, as the ratio of the forces which act upon them in the same gravitational field (gravitational mass).

(Inert mass) · (Acceleration) = (Intensity of the gravitational field) · (Gravitational mass) (The Meaning of Relativity,including the Relativistic Theory of the Non－ Symmetric Field, By Albert Einstein, Fifth Edition P 56~57)

14 $(ct)^2 - (x^2 + y^2 + z^2)$ 정지된 좌표계에서 움직이는 여러 좌표계로 옮겨갈 때 어떤 일이 이러나는지 알아 본다면 시간과 거리는 변한다. 공간과 시간이 서로 비틀리는 것이다. 하지만 시간과 공간의 차이는 변하지 않는다. 좌표축이 회전되어 각 점들의 좌표가 변해도 두 점을 연결하는 거리는 변하지 않듯이. 거리의 제곱을 시간의 제곱 마이너스 거리의 제곱으로 대치하면 상대성 이론에 도달하는데 정지해 있는 좌표계에서 빠르게 움직이는 좌표계로 옮아가는 것은 이런 차이자 똑같이 유지되는 시공간의 비틀림이다.두사건의 시간과 공간의 제곱의 차이가 절대적이어서 관찰자의 상태에 좌우되지 않는 것은 그리 놀랄 일이 아니다.(Einstein, Newton and the Theory of Relativity, Harald Fritzsch, 유영미 옮김. P 189~ 190)

가지 범주로 나누어 철학을 전개한 반면 일반적으로는 감정과 이성의 두 가지 분류로 볼 때, 오성은 이성 쪽의 분류로 보아야 할 것이다.

칸트 이전의 스피노자는 덧붙여 감성(emotion)까지 합하여 일원론적 철학을 수립하였고, 헤겔도 동양의 철학의 영향을 받아 이성, 오성, 감성 외 정서나 감정까지 포함한 철학을 전개하였고 인간의 욕구까지 포함하였다.

◆범주론과 개념(concept)

인간 오성(understanding)이 후천적으로 취득한 것을 명명함이라면 아리스토텔레스의 범주(Category)에 의한 선험적 개념론(conception)이 탄생하게 된다.

[1] 분량(Quntity): 단일성, 수다성, 전체성

[2] 성질(Quality): 실재성, 부정성, 제한성

[3] 관계(Relation): 속성과 자존성, 인과성과 의존성, 상호성

[4] 양상(Mode): 가능성과 불가능성, 현존성과 비 존재성, 필연성과
　　　　　　　우연성

◆선험적 우주론

③ 선험적 이성론

◆자유

우리는 의지의 자유(The freedom of will)가 주어져 있으며 하나님께서 초기 조건만 주면 결정되는 인과론에 따라 운명 지어지는 존재가

아니다. 때에 따라 작가가 독자들의 반응에 따라 스스로 이야기를 고치듯 하나님께서도 우리의 기도나 의지에 따라 그의 계획을 바꾸시는 것이다.

결정론적 시각으로 칸트를 비판하는 사람들이 눈여겨보아야 할 것이다. 칸트는 뉴턴의 물리학을 수렴하였지만 결정론적으로 세상을 본 것이 아니다. 그렇다고 확률론적으로 본 것도 아니지만 그의 세계에는 자유라는 고귀한 언어가 분명히 들어 있다. 이것은 인식론적 철학과 물리학적 세계관으로서는 한정하여 기술할 수가 없는 인간의 존재에 대한 가치 있는 설명이고 전문 용어(Terminology)이다. 그 외 무엇을 부연하여 설명한단 말인가?

◆영혼불멸

영혼불멸(The immortality of the holy spirit)은 우리가 육체적으로는 죽을 수밖에 없는 존재(motality)이지만 우리의 영혼은 영원함을 의미한다. 이는 도덕적인 정언명법과 관계가 있는 기본적인 가정이다.

여기서 말하는 영혼은 객관적 물리적 감각적 세계관으로 이해할 수 없는 언어로서 신앙적, 존재적, 가치적인 의미의 믿음의 언어이다. 소위 산업혁명 이후 기계론적, 시스템적, 현세적 세계관으로서는 이해할 수 없는 단어이다.

◆신의 존재

신의 존재(The existence of God)는 이러한 의지의 자유과 영혼의 불멸 등으로 보아 당연히 전제할 수 없는 조건이 되었다. 최종 결론이

엿보인다. 여기서는 신학으로 들어가는 문이 보인다.

(2) 실천이성에 대한 비판

들어가는 말: 우리는 무엇을 해야만 하는가?

인간은 기본적으로 처벌은 피하고 즐거움은 욕망하는 기본적인 경향이 있다. 여기서부터 실천이성은 시작이 된다.

① 윤리학

도덕은 사람이 마땅히 행해야할 행위들의 총체이고 윤리학은 그러한 선악들의 행위에 대한 판단이나 기준에 관한 연구를 진행하는 학문이다.

◆ 현상

현상은 버클리 주교의 이성론에서 나온 바와 같이 보는 각도에 따라 달라지는 형식이고 이는 실체를 파악하기 힘들다.

◆ 물자체

현상의 배후에 플라톤의 이데아론에서부터 나온 어떤 실체가 있다고 보고 이를 물자체(Thing itself)로 명명하는데 이는 우리가 만질 수 없는 어떤 특정한 것을 말한다. 이는 마치 외부와의 연결통로가 없는 단자와 같은 성질을 갖고 있다. 일종의 영혼과 같은 것이라고 보아도 좋다.

◆ 의무

도덕은 인류의 대도로서 인간이 마땅히 지켜야 할 도리나 도의가
있으며 이를 의무라고 볼 수 있다.

② 격률과 정언명법

◆ 각 개인의 삶의 준칙: 격률

사람이 살아가면서 각자 황금률로서 갖고 살아가는 마음속에 새긴
것이 준칙(maxim)이다. 이는 각 개인마다 상이하며 개인별 성격이나
성장배경마다 다른 준칙을 갖고 살아가게 된다.

◆ 가언명법

조건에 따른 결과를 염두에 둔 행위들이나 언어에 기반이 되는 원
리를 가언명법이라고 하며 인간생활의 대부분이 인과론적인 기계적
사고에 의하여 이루어져 있다. 따라서 현실은 가언적 생활이고 인과론
적으로 얽혀있는 생활세계에 속한다. 그렇다고 이러한 가언적 세계를
나쁘다거나 가치적으로 따져 저열하다고 보면 안 된다. 삶의 대부분이
이러한 결정론적이고 가언적인 인과에 따라 살아가고 있으니까.

◆ 정언명법(The Categorical Imperative)
－보편타당성: 보편적 입법의 원리(universal law)

사람들의 준칙을 보편적 입법의 원리에 따라 살아가라는 것으로 이

는 성경에 나오는 어떤 원리를 상징하는 것으로서 그러므로 무엇이든
지 남에게 대접을 받고자 하는 대로 너희도 남을 대접하라(마 7:12)와
같은 것이다. 모든 사람들에게 적용이 되고 이해할 수 있는 원리를 말
한다.

　ー자연의 이법: 자연 법칙(the kingdom of ends)

　높은 건물의 옥상에서 만약 돌덩이를 떨어뜨리면 아래로 떨어지듯
이 사람이면 누구나 알고 있는 굳이 실험을 할 필요가 없는 그러한 자
연의 법칙을 말하는 것으로 "네가 만일 하나님의 아들이거든 명하여
이 돌들로 떡덩이가 되게 하라(마 4:3)"와 같은 것이 아닐까?

　("Therefore, every rational being must so act as if he were
through his maxim always a legislating member in the universal
kingdom of ends." (Immanel Kant, Grounding for the Metaphysics
of morals)

　We ought to act only by maxims which would harmonize with
a possible kingdoms of ends. We have perfect duty not to act by
maxims that create incoherent or impossible states of natural affairs
when we attempt to universal them, and we have imperfect duty
not to act by maxims that lead to unstable or greatly undesirable
states of affairs.) (wikipedia, categorical imperative)

　현대 포스모던적인 가치 속에 녹아들어가 있는 통합적이고 전체적
인(Holistic)한 세계상에서는 목적론(Teleologic)적인 것이 핵심이다.
기계론적인 세계관에서 유기체적이고 생태적인 세계관으로 현대의
가치관이 이동하면서 유기체로서의 목적적합성은 중요한 한 틀이다.

네트워크화 된 연결된(Related) 세계 속에서는 관계성(Relationship)과 상대성(Relativity)이 목적론(Teleology)과 함께 어우러져 있다. 그리고 그러한 세계의 배후에는 양자적 차연성(Discrete Quantum Differance)이 그것을 지지하는 기둥으로 굳건히 서 있다. 기계적이고 계층적인 사회 문화를 탈피하여 유기체적이고 네트워크화된 사회로 진화를 하고 있으며, 이를 지지하는 내재된 가치는 차연(Differance)으로써 대변되는 현상은 양자적 이산성(Quantum Discreteness)이다.

－수단(means)과 목적(ends): 사회적 생활로서의 네트워킹 삶과 단위 개인으로서의 선한 삶

수단과 목적을 모두 아우르는 것이 합목적성으로서 스스로나 다른 사람들의 인격을 존중하고 합리적으로 이해하라는 것으로서 제2법칙을 볼 수 있다. 이는 어떤 합목적성으로 인도되어 하나님에게로 향하는 방향성을 갖고 있음을 굳이 설명할 필요가 없다.

양자물리학의 파동함수는 복소수로서 허수 i가 들어가 있다. 입자성과 파동성을 동시에 기술하는 코펜하겐 분석으로 인하여 파동함수의 절대치의 제곱($|\Phi|^2$)이 확률밀도로서 기술된다. 이는 슈뢰딩거 방정식

$$\frac{-\hbar^2}{2m}\frac{\partial^2\psi(x,t)}{\partial x^2} + v(x,t)\psi(x,t) = i\hbar\frac{\partial\psi(x,t)}{\partial t}$$

을 만족한다. 물질파를 기술하는 방정식으로서 어떤 위치에서의 입자의 발견확률을 만족하는 방정식이다.

허수 i는 라이프니츠에게는 물질의 실재 뒤에 있는 정신적인 성령聖靈이었다. 그에게 허수 i는 '존재와 비존재 사이의 이중적이 것과 거의

같은 신성한 정신의 훌륭하고 멋진 피난처'였다.[15]

여기에서 뉴턴으로부터 시작한 물리학은 양자 물리학에서 하나님을 발견하게 되고 다시 한 바퀴 회전하게 된다.

이는 통합심리학에서 의식의 발달 단계를 살펴보면 재미가 있다. 태곳적 Archaic 마술적 Magic 신화적 Mythic 합리적 Rational 심혼적 PSYCHIC 정묘적 SUBTLE 원인적(인과적) CAUSAL 비이원적 NON－DUAL SPIRITUAL[16] 등으로 구분이 되어 있고 크게는 육체, 마음, 영혼[17]으로 범주화 되다. 학문적으로는 물리학 생물학 심리학 신학 신비주의로 계층화 되어 있다.[18]

포스트모던 사상가의 첨단에 켄 윌버는 계층적인 인식관이 강하다. 그는 우선순위 내지 중요도 또는 어떤 우수성을 대변한다. 그의 기저에 있는 물리학을 첨단으로 깊게 파 들어가 보면 갑자기 영적인 하나님이 나타난다. 뉴턴물리학으로부터 상대론, 양자역학으로 나아가 보면 허수 i가 나타나고 라이프니츠는 성령의 집으로 이해하는 비존재의 가시화 같은 의미가 출현한다. 켄 윌버는 의식의 계층적 단계와 학문의 위계를 말하였지만 결국은 한 바퀴 돌더라는 것이다. 위계적이고 계층적인 것이 아니라 수평적이고 비계층적이고 네트워크적 원형(Circle Type)이라는 것이다.

피라미드식으로 작은 것 위에 큰 것을 놓는 계층적인 것은 인간의식이 투사한 것이고 자연은 이러한 '위'와 '아래'의 위계적이 아니고

---

15 양자심리학 Quantum Mind by Arnold Mindell, 양명숙 이규환 공역 P 137
16 모든 것의 역사, 켄윌버 조효남 옮김 P 576
17 같은 책 P 603
18 같은 책 P 78

다른 네트워크 내부에 다른 네트워크가 위치해 있는 형이다.[19]

③ 최고선

최상선은 도덕적인 삶을 살아가는 삶이고 최고선은 최상선에 인생의 행복까지 곁들인 삶을 말한다.

◆ 행복

행복이란 것은 추구하는 것이 아니고 도덕적인 삶을 살아가다 보면 부수적으로 따라오는 것이다.

◆ 최상선

행복까지 함께하면 최고선이 되며 최상선에서 최고선으로의 다다름은 하나님의 어떤 섭리로만 가능하다.

◆ 의무와 행복

의무가 당연히 먼저 수행될 때 행복은 자연스레 따라오는 것이지 행복을 먼저 추구함은 전도된 방법이다.

(3) 판단력에 대한 비판

들어가는 말: 우리는 무엇을 희망해도 좋은가

---

19 THE WEB OF LIFE, FRITJOF CAPRA P 35

① 미학

◆ 쾌와 불쾌

사람은 기본적은 쾌(pleasure)는 추구하고 고통(pain)은 피하는 기본적인 성향을 갖고 있다.

◆ 자연의 숭고미

자연 풍경을 바라볼 때 느끼는 어떤 미적인 감각은 기본적으로 우리 인간 속에 있는 원형(archetype)을 일깨우게 된다.

◆ 예술로서의 미와 천재

문학, 미술, 음악 등 예술로서의 미의 추구는 어떤 반복될 수 있는 것이 아니고 일회적이고 독특한 방법으로 이루어지며 전수될 수 없는 어떤 천재들에 의하여 가능해 지는 것이다. 교과서처럼 만들 수 없고 또한 이해는 될 수는 있어도 이를 어떤 매뉴얼로 만들어 전해질 수 없는 것이다. 반면에 학자는 천재라기보다 모방하는, 마치 전수될 수 있는 것처럼 가르치는 사람들로서 확실히 예술로서의 천재와는 확실히 다르다.

② 자연 목적론

합목적인 어떤 이론의 그 배후에는 청교도적인 분위기에서 자란 칸트의 하나님께 대한 어떤 방향성이 물씬 풍겨져 나온다. 신앙과 종교로서의 근대의 생활 속에서 굳이 이런 하나님의 법칙을 도덕적 의무와 명령으로서 다시 재건축한 칸트는 이를 통하여서 마치 뉴턴이 3가지 법칙을 발견하여 프린키피아를 발표하듯이 그의 철학체계를 대조적으로 늘그막에 완성시키려 하였다.

◆ 합법칙성으로서의 자연

뉴턴적인 결정론의 한계를 배후에 갖고 칸트는 철학을 전개하였으며, 근대의 『꺼삐딴리』와 같은 책에서 보듯 예정조화설 등에 버금가는 이론을 철학서를 통하여 당시에 시대정신에 비추어 보면 혁명적으로 발표한 것이다. 그리고 그이 이러한 작업이 정초되어 현대의 사상들이 꽃 필 수 있게 되었다.

자연과학의 정초작업과 도덕과 의무에 대한 명확한 명령의 제시, 그리고 미학과 천재론으로 가름되는 저작들은 현대, 포스트 현대인 현재의 관점에서는 곰팡이가 핀 이론같이 느껴질 지라도 그 당시의 시대 상황에 비추어 보면 혼돈과 혼란된 가치관 속에서 유일한 빛과 같은 이론의 전개가 아니었을까?

경험론과 이성론이 대립이 극치를 이루고 어떤 방향성을 찾지 못하였을 때 뉴턴의 프린키피아 같은 저작을 읽고 그의 체계와 내용을 모방하여 칸트는 그의 건축술적 철학체계를 구축한 것이 아닐까?

◆ 이념으로서의 합리적인 인간

그의 최초의 물음인 우리는 무엇을 알 수 있고 행할 수 있으며 바랄 수 있는가는 어떤 전개를 위한 화두로서 이를 해결하는 가운데 이념으로서의 합리적인 인간관 즉 인간이란 무엇인가에 대한 대답을 추구하고 있다.

◆ 현상과 물자체

오스트리아의 스피노자의 유일론적인 철학책을 읽고 칸트는 무엇을 생각하였을까? 그 중에서 일부 물자체라든지 필요한 부분을 발췌하고 감정이나 그 외의 다른 부분은 취하지 아니하였다.

결국 칸트는 그의 생애를 통하여 사강사로부터 시작하여 노년의 위대한 철학자로 추앙받기까지 전全생애 동안 끊임없는 사색과 정신적 모험을 통하여 철학을 집대성을 한 것이다.

구분	NEWTON's PRINCIPIA	宗 敎		
KANT	결정론	자유의지	영혼불멸	하나님
EINSTEIN	신은 주사위 놀이를 하지 않는다.	社會性 "죽을 때 고통스럽게 일그러진 얼굴로 ~"	?	?
FEYNMAN	양자역학 ㅡ확률함수	어린아이 같은 천진난만한 자유로운 영혼의 소유자		

칸트는 뉴턴으로부터 지대한 영향을 받았고 뉴턴은 영국 경험론의 태두이고 결국 이성론과 경험론의 다툼은 과학이라는 엄청난 경험론의 승리로 19세기부터 현재까지 실증론(Positivism)이라는 이름으로 장식하고 있다.

칸트는 결국 이성론의 마지막 마무리를 하였고 모든 것을 고스란히 경험론적 평원인 과학에게로 되돌려 주었다. 아직 현재도 실험과 측정의 경험론적 패러다임은 자연에 대한 우리의 태도가 되고 있다. 우리는 언제 예수와 석가와 공자 그리고 소크라테스를 회복할 것인가? 뒤집혀진 배를 되돌려 놓을 수 있을까?

물질적, 기계적, 경제적 인간에서 통합적, 인적, 초월적 인간으로 간다. 여기에는 시공간, 양자장, 듀얼리티적 자연관이 배경이다. 결국 신앙과 종교 차원의 새로운 비전을 예고하고 있는 것 같다.

칸트가 말하는 'the law of universe'는 동양에서 말하는 '도덕'의 서양 버전(version)이다.

칸트가 말한 실천이성의 도덕적 법칙은 현대에 들어와서 니체의 생(권력)의 의지와 같은 '절대 개념(정신)'들로 분화가 되어 왔다.

물리학과 양자역학 교수조차 "합리적으로 생활하라!"라고 말하고 있다. 여기서 합리적으로 생활하라는 의미는 'reasonable'이라는 말로서 헤겔의 이성과 칸트의 'universal law of nature'에 따르는 생활로서 동양의 '도와 덕'을 모두 아우르는 의미로 해석되며, 양자역학의 개념을 가르치는 교수의 절대정신은 '합리성'이었다.

2. 실존주의 철학

(1) 훗설: 현상학

① 데카르트적 반성

"나는 생각한다. 고로 존재한다"는 공리계로서 받아들여져 데카르트의 철학은 여기서 시작한다. 반성적 고찰은 우리 인식능력에 있어서

상위 상태에 있는 자만이 할 수 있는 사고이다. 이는 상황이나 맥락에 따라 어떤 결정이나 선택이 달라지는 상대주의적인 사고와 맥을 같이 하고 있으며 보다 고차원적인 이성적 존재의 상태를 말함이다. 생각을 하고 있다는 나의 상태를 생각할 수 있는 이러한 지각상태는 최고의 추상적 사고로서의 기능을 말한다.

◆우리의 오류
◆과학적 생활공간의 정지
◆새로운 가능성

② 생활공간

◆새로운 세계

◆있는 그대로(as it is, Thing itself)
있는 그대로의 그것이라는 것은 실제로 존재하는가? 이는 추상화된 인식체계의 한 유형은 아닌가? 관계된 모든 이유들에 대하여 판단이 중지된 상태로서의 세계 곧 유보된 상태의 세계를 말한다면 있는 그대로의 그것은 존재할지 모른다. 그러한 상태는 일상의 세계에서는 존재키 어려우며 상호 연관된 관계 속에서의 일상생활 속에서는 있는 그대로의 그 자체란 하나의 추상화된 인식체계 중 한 부산물일 수 있다.

◆생활공간
생활세계는 의사소통을 하는 일상의 세계 속에서 목적지향적인 사고가 펼쳐지는 장이다.

③ 현상학

◆물자체는 있는가
물자체(thing it self)는 한계 개념으로 볼 수 있다.

◆현상
눈에 보이는 것으로서의 있는 그대로의 대상에 대한 사실을 말함이다. 판단 중지(epoche)의 상태를 이름이다.

◆지향성(Projection)
대상(object)에 대하여 방향성이 있는 벡터적인 것을 지향적이라고 한다.

(2) 하이데거: 존재와 시간

① 마음 씀

◆열려진 존재
대상에 대하여 인식할 수 있는 존재를 이름이다.

◆배려와 고려
배려란 이성적 존재자에 적용되는 것이라면 고려는 물질적인 어떤 도구적 의미를 말한다.

◆존재와 존재자

실물에서 한 단계 떨어져 다소 종교적인 의미의 주술성이 가미된 인식을 존재라고 본다면 존재자는 그의 구체적 실물을 의미한다.

② 세인으로서의 비 본래적 자아와 본래적 자아

우리는 가끔 생활을 하는 중 심각한 고민을 하게 되고 인생이란 무엇일까 하는 등 본질적인 의문을 하게 되는 경우가 있다. 쓸쓸한 가을날에 떨어지는 낙엽을 보며 과거의 추억을 생각하거나 자신의 현재의 상태에 대하여 본질적인 질문을 던질 경우가 있다. 때로는 생활 속의 급박한 일상 일에 파묻혀 그러한 질문을 생각할 겨를이 없이 시간을 보내는 경우가 있기도 하다. 이러한 상태 즉 본질적인 질문을 할 때와 일상생활에 파묻혀 살아갈 때의 구분이 본래적 자아를 추구하는 때와 비 본래적 자아의 상태로 살아가는 상태로 이야기 될 수 있다.

그러나 그 차이는 그 가치에 있어서 우열이 없으며 모두 대등한 가치가 있는 것이 사실이다.

◆비 본래적 자아

진리를 찾는 구도적인 과정에 있지 않고 세속의 일에 묻혀 살아가는 삶을 말한다.

◆본래적 자아

진리를 찾아가는 과정으로서의 삶을 말하여 본래적 자아가 있다고
말한다.

◆세인으로서의 삶

비 본래적인 자아의 상태로서 세인으로서의 삶과 본래적 자아의 상
태로서의 구도적인 삶과의 우열의 관계가 있는 것은 아니며 모두 중요
한 것이다.

③ 존재와 시간

◆피투적 존재

우리는 이미 어찔할 수 없는 이 세계에 주어진 존재이다. 우리가 태
어났을 때 어쩔 수 없는 틀 속에 우리는 던져진 상태이고 이를 극복할
방법이 없는 내동댕이쳐진 상태를 이름이다.

◆기투적 존재

하지만 어떤 알 수 없는 대상(시간, 공간 등)에 자신을 투사
(Projection) 하는 존재이다. 이러한 내동댕이쳐진 상태에서는 우리의
희망을 위하여 무엇인가 추구하고 가치를 찾아 떠나고 탐색하는 활동
이 필요하며 이를 실존적 상태로 말하며 피투적 기투의 상태라고도 말
한다. 본래적 자아의 구도적 자세에서 주어진 상황의 갑갑함과 억울한
수동의 상태에서도 우리는 어떠한 자세를 취하여 태도로 임할 것인가
는 우리의 선택의 문제이다. 이러한 태도 즉 미래를 위하여 배우고 미

래를 위하여 설계하려는 마음의 긍정적인 전환으로의 선택만이 우리를 희망의 나라로 이끄는 동기가 된다. 이러한 결정, 선택은 우리만의 몫이다.

◆ 시간 그리고 죽음

우리는 역사성으로서의 지난 세월과 미래에는 죽음에 부딪혀 산산이 부서질 운명을 지닌 존재이며 이 미래의 종말이 다시 현재에 돌아와 삶을 돌아보게 한다.(현존재, Dasein) 시간이 현재에서 미래로 흘러갔다가 다시 현재로 물밀듯 몰려오는 상태가 있다. 이때가 실존적인 상태로 존재의 의미가 명백해지며 환한 새벽 창을 보듯 자신의 총체적 결정체를 인식하듯 깨닫게 된다. 미래로부터 시간을 미분하여 수렴하듯이 순간을 영원으로 연장시키는 이러한 도가 드는 때가 있기 마련이다. 그때 우리는 새로운 지평을 다시 한 번 확인한다. 그러나 다시 생활로 돌아가는 길은 확보해야 한다. 머무름은 정체함을 뜻하므로 다실 일상의 생활 속에서 소에게 여물을 먹이듯 열심히 생활할 때, 그 지평이 현실화 되는 것이다. 사실 인식의 순간과 일상의 파묻힘의 가치적 우열이나 차이라 것은 전혀 존재할 수도 없는 것이다. 존재하지도 않는다. 이러한 상태의 자연스러운 복귀와 전환 속에서 진정한 의미의 실존이 가능하다.

기업에서 창업주가 있고 그 회사에서 일하는 고급엘리트가 있듯이 철학이나 사상 또는 종교에도 그런 사람들이 있다. 대학교 박사는 아니지만 아니 그럴 수도 없지만 평생 남의 것만을 연구하며 마치 한 사람만이 전부 인 양 그렇게 살지는 않았다. 마치 회사의 창업주 같은 그러한 철학가나 사상가가 있고 그를 평생 연구하다 일생을 마치는 고급 엘리트가 있는 것이다.

(3) 사르트르: 존재와 무

① 존재와 무

◆ 무

무란 아무것도 없는 상태가 아닌 아직 미처 발견되어 있지 않은 상태를 말한다. 마치 배경의 그림과 같은 상태를 말한다. 잊힌 기억 속에서 우리는 무를 발견할 수 있듯이 우리가 주목하지 않는 지나침 속에 무가 있는 것이다. 결국 인식되지 않는, 인식하지 않는 의도 속에서 무가 탄생한다.

◆ 존재

주어진 배경그림과 같은 상황에서 우리가 의식적으로 찾고자 할 때, 존재는 열리게 된다. 예를 들어 이발소에서 아는 사람을 찾으려 할 때 막상 이발소에 들어가 보면 다른 사람들은 인식이 되지 않고 찾고자 하는 사람만이 보이는 것과 같다.

의도된 집중과 찾으려는 노력 속에서 실제가 나타나고 소망하는 가운데 성취가 이루어지듯이 그렇게 존재하는 것이다. 만약 우리가 알 수 없는 무의 상태만을 고집한다면 존재하는 것은 없을 것이며 원하고 바라고 고대하는 기다림 속에 진정한 존재가 나타나고 우리는 존재자가 됨을 느끼게 된다.

◆존재와 무

어떠한 느낌이나 희열 또는 슬픔이나 절망 속에서 존재가 있는 것이 아니라 소망하고 탐색하고 모색하는 태도 속에 존재가 잉태하는 것이다. 이러한 시도가 없는 단순한 포기 속에 무가 나타나는 것이다. 결국 우리의 의지의 발현 유무에 따라 이 세계는 존재하기도 하고 없어지기도 하는 것이다.

② 즉자 존재

◆영원한 존재

그 자체가 그대로인 존재 즉 시간의 어떤 흐름이 존재치 않는 존재를 이름이다. 우리가 죽으면 영원한 존재 즉 즉자존재가 되는 것이다. The Time is out of joint 된 상태로서의 나의 열려진 존재가 그 열려진 각도가 닫히고 바윗돌과 같이 무생물의 상태가 되는 것이다. 즉 영원한 존재가 되는 것이다.

그러나 크고 넓게 본다면 이러한 닫힌 상태도 유기체적인 하나의 활동으로 볼 때 우리는 어디엔가 존재하게 된다. 어디에도 존재하게 된다. 즉 아무데도 존재하지 않는 존재가 되는 것이다. 따라서 영원성 즉 영혼불멸성이 나오게 된다.

육체는 바윗돌과 같이 무생물의 상태가 되지만은 어디나 존재하는 상태의 우리가 되는 것이다. 나는 영원한 존재가 되는 것이다.

◆닫힌 존재

지향을 할 대상이 없는 즉, 스스로 열려져 있지 않는 존재를 말함이다. 삶이란 것은 살아간다는 것은 갈등과 방황 속에서 그렇게 살아가고 살아지는 것이다. 만약 어떤 간극이 없는 완전한 상태가 된다면 이는 죽음을 말한다. 어떠한 논리적 모순이 심리적 갈등으로 변환되는 시스템이 없다면 삶이란 없는 것이다. 따라서 존재의 괴로움을 사랑해야 하는 이유가 여기에 존재하는 것이다. 모든 것이 이루어진 완벽한 상태란 다함이 된 것이고 이에 우리는 없어지는 것이다. 모자란 상태, 갈등하는 상태, 괴로운 상태, 모순에 빠져 방황하는 상태를 인식하고 이를 당연히 받아들이고 아까워하듯이 이를 보살펴 나가 스스로 이루어 나가는 것이 결국 삶이고 살아가는 것이고 살아지는 것이다.

◆이루어진 존재

살아가는 것에도 목표가 나름대로 있다. 스스로 목표를 설정한다는 것은 얼마나 아름다운가? 합리적인 목표를 설정하고 이를 성취하기 위해 노력하는 그 자체만으로 우리는 살아볼만한 것이다. 한계를 아는 자만이 결국 목표를 세울 수 있고 이를 성취해 나갈 수 있다. 주어진 상황이나 맥락을 고려하여 현실적인 대안을 모색하고 주어진 갈등을 극복해 나갈 때, 이루지는 것이 나의 존재이다. 결국 존재가 이루어지는 것은 현실적인 목표 속에서 이를 합리적이고 긍정적인 정서 속에서 추구해 나갈 때 가능한 것이다.

③ 대자 존재

◆ 나는 생각한다, 고로 존재한다

나는 생각하고 있고 또한 이러한 생각을 하고 있다는 것을 깨닫고 있는 고로 존재하는 것이다. 다른 존재가 있다는 것은 얼마나 놀라운 사실인가? 나와 다른 세계가 존재한다는 것은 어쩌면 기이하기까지 하다. 이러한 경이감 속에서 우리는 의사소통을 원하고 교류를 원한다. 그리고 다른 존재를 알고 싶어 하는 호기심이 발동한다. 때로는 연애를 하기도 한다. 비록 사람이 아닐지라도 무생물이거나 추상적인 대상과도 교제가 가능한 것이다. 스스로 생각하고 있다는 것을 인식하고 반성적 고찰 중에 깨달은 다른 존재의 그 존재감은 새로운 삶의 지평을 여는 열쇠가 된다. 이리하여 사회 속에서 궁극적인 자아성취가 있고 자기실현이라는 과제가 주어진다. 진정한 삶의 의미 발견의 단초가 여기에 있는 것이다. 사회적 관계만이 진정한 우리의 삶의 구원이 된다. 삶을 스스로 이루어가고 이루어 주는 상호 관계 속에 의사소통의 의미가 있다.

◆ 생각하고 있는 자기 자신이 문제되는 존재

나는 현재 있는 그대로의 내가 아니요 앞으로 그러해야 할 존재로서의 나이다. 과거와 현재 그리고 미래는 일직선상이 아니다. 과거를 현재를 중심으로 접어놓은 상태가 미래는 아니다. 미래는 알 수 없는 것이고 미지의 세계이고 가늠할 수 있지만 확신할 수는 없는 것이다.

하지만 나의 현재의 과거의 시간적 미분으로서의 이 순간에 어떠한 미래로의 지향성은 분명히 우리를 실존하게 한다. 현재의 이대로의 나의 상태가 전부는 분명 아니다. 마땅히 그렇게 되어야 할 나의 존재로서의 목표가 심리적으로 누구에게나 살아있는 사람이라면 어떠한 바람으로써 있다. 가슴이 설레는 부분이 바로 이점이다. 우리에게는 미래가 있다는 것이다. 비록 무화되는 시점을 분명히 아는 이성적 존재임에도 불구하고 어떠한 소망하는 나의 이러한 시도는 멈추지 않는다. 그리고 영원한 삶을 꿈꾸게 된다. 실제로 나는 이 순간에도 영원히 살고 있는 것이다. 이렇게.

◆ 실존적 존재

이성적 존재로서 계획하고 미래를 준비하는 것을 실존적 존재라고 한다. 느낌으로서의 나가 있고 추상적 사고로서의 나가 있고 어떠한 종교적 체험속의 나가 있다. 그 중 합리적인 설계, 원인과 결과의 인과론적인 사슬을 인정하고 계획하는 가운데 기대되는 미래를 준비함이 있다면 실존하는 것이다. 휴머니즘이 바로 여기에 있다.

④ 대타 존재

내가 다른 사람이 나를 의식하고 있다는 것을 의식하는 존재로서 다른 사람들과의 관계에서 나타나는 존재를 이름이다.

◆ 남보다 내가 우위이다

비교는 아리스토텔레스의 카테고리 중 하나이다. 물질적인 수량화로서 측정되는 것은 분명 수학적으로 가능하다. 그러나 정신을 이러한 물질에 비추어 본다면 분명히 남보다 내가 우위에 있는 부분이 있다.

나이도 그렇고 재산도 그렇고 다른 숫자로 표시되는 카테고리에서 가능하다. 그것뿐이다. 그것으로 확장할 필요가 없다. 정신을 물질에 빼앗길 일을 할 필요가 없는 것이다.

◆남보다 내가 아래이다

남보다 내가 아래인 부분이 분명히 있고 나의 정신은 그것에 빼앗겨 있다. 그 때 나는 나의 정신을 낮추어야 한다. 태도와 자세를 낮추는 가운데 나의 정신은 그러한 물질에의 비추임에서 회수가 가능하다.

◆또 다른 세계에 대한 경이

비교의 카테고리 속에서 다른 존재자를 비추이는 세계 외에 존재자에 기쁨이라는 의미의 상대적 관점이 있다. 상대가 바라보는 관점을 내가 취한다면 나는 상대를 이해할 수 있다.

이 세상은 자연의 세계도 있지만 나의 내면의 세계인 심리학적 세계도 있다. 자연의 세계는 필연적 인과론적 과학의 세계로서 이외에 '자유'의 세계가 있다.

목적론적 자연세계는 주관적 합목적성이고 공통감의 상식에 근거를 갖고 있다. 이로써 칸트는 실존철학의 기반 철학을 판단력 비판에서 제공하고 있다.

중학교 때 별안간 나를 흔들었던 그 문제―'있음'과 '없음'의 문제―, 어제 그 문제가 고대 아리스토텔레스 그 이후부터 쭉 생각해온 문제임을 알고 놀랐다.

Ⅲ. 심리학

－심리학은 관찰과 객관적 사실에 근거하여 연구하는 과학이다.

(Psychology→Science)

생물학적 심리학	정신분석적 심리학(Freud Libido, 性)	분트	인지 심리학 (아론벡, 엘리스)	인본주의 심리학 (현상학적 심리학)
		행동주의 심리학(스키너)		
	정신역동적 심리학			
	K,G JUNG (종교적 형상)			

〈사실들〉 －시간성을 배제한

－자아와 자기의 구별

－페르조나와 자아의 구별

1. 당위성: ~ 해야만 한다.

－must와 want(바람)의 구분

→ 어린 시절(childhood)에 주어져 있던 가치를 깨는 것이 행복의 시작

→ 어린이로 돌아감.

예1) 어른이 되어도 아니마가 모성과 습합되어 있거나 모성과의 유대관계가 아직 제대로 해결되지 않은 경우 결혼을 한 뒤에는 부인이 모성-아니마가 되어 모성의존의 퇴행적 관계를 유지하게 된다. 그러므로 남성에게는 모성과의 유대에서 독립하는 과제가 자기실현에서 매우 중요하다. 이것은 곧 모성 콤플렉스(실제 모성보다 무의식의 모성성에 유착된 상태)의 해소가 될 것이다.(이부영, 분석심리학의 탐구 3, 하나의 경지, 하나가 되는 길, 자기와 자기실현, P 143)

예2) Liberation from the tyranny of early beliefs and affections is the first step towards happiness for these victims of maternal 'virtue'(BERTRAND RUSSELL The conquest of happiness p16)

2. 자유, 영혼불멸설(그리고 신의 존재)

자유-비非결정론
영혼불멸설(Immortality)-집단무의식(K.G JUNG)

3. 자기실현

Conscious+Unconscious로서 의식과 무의식을 모두 이르는 말
-로저스(아론 벡, 엘리스)의 인지치료 심리학: 사고가 정서에 영향을 미친다.
-理性 → Immanuel Kant

理性 + 감성 (정서, 감정) → Hegel, Spinoza

(1) 비합리적 사고

① 당위성: Should, must

→ 어린아이, 히피: 당위성은 페르조나와 같이 주어진 사회적 규범에서 생긴 집단적 무의식의 그림자로서 이를 위해서는 자기에 대한 성찰과 실현이 따라야 하는데 이에 대한 종국적인 해결은 어린아이와 같은 순수한 마음과 미국의 반문화 운동인 히피와 같은 어떤 자유로움 즉 모든 사회의 집단적 무의식의 가면으로부터 자유로울 수 있어야 함.

② 과장성: 정말 ~이 끔찍해! ~이란 있을 수 없는 일이야.

③ 자기평가: 자기비하적인 평가, 나는 정말 한심해!

(2) 자기실현

가치와 행복한 생활 중 선택을 해야 한다. 나름대로의 가치를 포기하더라도 가정을 갖고 효도하며 자기가 만족한 생활을 하는 것도 보편적 가치에 합당하다. 일반적인 개인의 보편적 가치 즉 도식(Schema)을 현실에 구체적으로 적용할 경우 생기는 갈등(The time is out of joint)인 상태에서의 겪는 개인적 괴로움 있을 수 있다. 이러한 경우 어떤 가치를 선택할 것인가? 개인적 가치인가 아니면 보편적 가치인가?

결국, 자기실현을 하는 삶을 살아가는 것이 기준점이 된다. 중년에는 외부세계에서 사회활동 중 자아를 성취하는 삶을 비중 있게 두는 것이 아니라 내면세계에서 자기를 실현하는 삶이 더욱 중요해진다.

자기실현이란 것이 꼭 사회적 성공을 뜻하는 것이 아니라고 했다. 학습은 경험적 감성에서 오성으로의 개념을 갖고 후천적으로 생기는 동기에 의한 행동의 측정 가능한 변화인데 반해 성숙, 발달은 선험적으로 갖고 있는 자유, 영혼불멸, 신에 대한 것으로 자연의 세계에서 있는 지식이전의 이성의 세계의 것이다.

창조적이란 종합적이란 말을 포함하되 단순 더하기에 계의 집합의 상호작용을 꿰뚫는 직관을 개념으로 풀어내고 이를 물리세계에 적용할 뿐 아니라 현실화 시키는 작업이다.

4. 이상심리학

일반적으로 이상행동(abnormal behavior)은 객관적인 관찰과 측정이 가능한 개인의 부적응적인 심리적 특성을 의미하며, 정신장애(mental disorder)는 특정한 이상행동의 집합체를 의미한다. 이러한 이상행동에는 인간의 다양한 심리적 측면 즉 인지, 정서, 동기, 행동, 생리의 개인의 부적응을 초래하는 특성이 포함된다. 그러나 현재 이상심리학에서 보편적으로 적용되고 있는 정상성과 이상성에 대한 기준은 크게 **적응적 기능의 저하 및 손상**, 주관적 고통과 불편감, 문화적 규범으로부터의 일탈, 통계적 규준의 일탈 등으로 나누어 볼 수 있다.

이상행동(abnormal behavior)은 외현적으로 관찰되거나 측정될 수 있는 행동으로서 앞에서 설명한 판별기준에 의해 '비정상적'이라고 평가될 수 있는 행동을 뜻한다. 이는 심리학의 엄격한 과학화를 지향하는 행동주의 심리학의 전통에서 나온 용어이다. 행동주의 심리학에서는 과학적으로 검증될 수 없는 모호하고 추론된 개념을 지양하고, 객관적으로 관찰할 수 있으며 측정 가능한 구체적인 심리적 현상, 즉 행동을 심리학의 연구대상으로 삼아야한다고 주장한다. 부적응 행동(maladaptive behavior)은 **적응을 개인과 환경의 원활한 상호작용이라고 보는 관점**에서 특히 환경적 요구에 적절히 대응하지 못하여 여러 가지 문제를 일으키는 개인의 행동을 지칭하는 용어라고 할 수 있다.

평소보다 훨씬 말이 많아지고 빨라지며 행동이 부산해지고 자신감에 넘쳐 여러 가지 일을 벌이는 경향이 있다. 때로는 자신에 대한 과대망상적 사고를 나타내며 잠도 잘 자지 않고 활동적으로 일하지만 실제로 이루어지는 일은 없으며 결과적으로 현실적응에 심한 부적응적 결과를 나타내게 된다. 이러한 조증상태가 나타나거나 우울증 상태와 번갈아 나타나는 경우를 양극성 장애(bipolar disorders)라고 한다. 과거에는 조울증(manic depressive illness)이라고 불리기도 했다. (권석만, 현대이상심리학 P22, P28, P228)

상담이나 심리치료 장면에서는 그 사람이 정상인지 아닌지의 분류가 그리 중요하지 않으며, 내담자가 얼마나 삶의 진실에 맞닿아서 왜곡된 지각이나 평가 없이 있는 그대로의 현실을 제대로 살아가는가가 훨씬 중요하게 부각된다. (이용승, 범불안장애, p 36~37)

이상과 같이 정상적인 생활인이 되기 위해서는 현실에 주어진 삶속에서 적응적으로 살아가야 함을 알 수 있겠다. 과거의 일을 기억해 보면, 항상 정신적인 문제는 주어진 현실에서 시작되었다. 주어진 현실적 문제를 극복하느냐 못하느냐가 결국 정신적인 방황을 하느냐 마느냐의 문제로 귀착이 되었고 정신적인 방황의 골이 깊어져 심리적 이상 상태가 오래 가면 결국 이상행동을 하게 되고 비정상적인 상태가 되게 되었다.

인간은 태어나면서 죽을 때까지 각 나이별 발달과제가 있다고 보는 것이 발달심리학의 주장이다. 결국 주어진 현실의 문제가 발달심리학에서 말하는 발달과제이냐 아니면 독특한 문제이냐의 구별이 중요할 것 같다. 누구나 겪는 사춘기의 사랑과 이별, 중 장년기에 겪는 위기감이 있고 발달과제와 관계없는 가까운 사람과의 사별과 같은 경우도 있다. 어쨌든 현실의 문제가 스트레스로 장기간 작용하지 않도록 적응적 기제를 발휘하는 것이 중요하며 이를 위해서는 적절한 방어기제를 활용하는 것도 나쁘지 않다. 예를 들어 '승화'와 같은 방어기제는 바람직한 방법이며 '퇴행'과 같은 방어기제는 바람직하지 않다.

인간은 환경을 지배하기도 하지만 환경의 지배를 받기도 한다. 환경이 내면화되면 그것이 성격으로 형성되기도 한다. 환경과 적절한 상호작용을 통하여 자신의 욕구를 만족시키고 환경을 주도적으로 이끌어 나간다면 이보다 더한 일은 없을 것이다.

주관적 현실이 아닌 객관적 현실 속에서 살아갈 때보다 건강한 정신성이 발휘될 것이다.

5. 사랑

사랑을 생체 화학적이고 전기적인 분비물로 설명할 수 있는가? 뉴런의 신경전달물질의 분비가 많고 적음에 따라 사랑을 이야기할 수 있는가? 신경전달물질인 도파민이 많이 분비되면 흥분을 하게 되고 세로토닌의 분비 또한 정서상의 변화를 일으킨다.

사춘기 발달과제의 하나로 몸의 호르몬 변화와 적응이 있는데 이러한 호르몬의 분비로 사춘기의 사랑이 설명될까? 과거의 기억을 더듬어 보면 첫사랑의 사춘기 시절은 생체화학적인 분비물이 많이 생성되는 시기에 이루어져 있었다. 결국 사랑이라는 감정도 全생애 발달과제의 하나로 전기적 자극의 하나로 환원적으로 설명된다.

인간은 태어나면서부터 죽을 때까지 발달한다고 보는 것이 최근 심리학의 경향이다. 유아기, 청소년기, 청년기, 중년기, 노년기에 걸쳐 인간은 과제를 갖게 되며 이 과제를 어떻게 풀어 가느냐가 중요한 인생의 성공과 실패를 판가름하는 문제가 된다.

가령 중년기에는 발달과제의 이슈로 '생산성'이 있다. 사회적으로 개인적으로 생산성은 중년기의 중요한 문제로 부각된다. 중년기에 적절한 생산성을 고양해야만 노년기에 통합적인 사고를 이루어 갈 수 있다.

이와 같이 그 아릿한 기억속의 사랑의 감정도 발달과제로 이해할 때 그 타당성을 간직할 수 있고 이해되어질 수 있다. 나만이 부딪쳤던 그 감정과 상태라고 생각했던 것이 인간이면 누구나 겪는 성장과정상의 한 양상(mode)이었음을 겸허히 받아들일 수 있다.

하지만 그 추억이 현재까지 이어지는 끈으로 연결되어 있다고 생각될 때는 주의해서 곰곰이 생각을 짚어볼 필요가 있다. 그 사랑의 순간들도 살아오면서 겪은 많은 환경적 자극 내지 영향 중 하나였음을 받아들이고 다만 기억 속에 오래 머무는 것이구나 인정한다면 마음의 정리정돈이 될 것이다.

그러나 사랑하는 사람의 변심으로 환상이 깨지고 사랑의 현실이 삶을 극단으로 몰아갈 때 그 열정은 온 삶을 파국으로 몰고 갈 수 있다. 현실의 삶이 왜곡되고 그 잔인함이 입을 여는 날에는 감히 말할 수 없는 심적 고통을 겪게 된다. 젊은 날에 왜 많은 사람들이 괴로움을 호소하고 아까운 시간들에 치여 허송세월 아닌 허송세월 속에 살아가는지 아는 사람은 알게 된다. 그 열심과 돌진이 좌절되어 밋밋한 현재의 다가옴은 거부하고 싶은 것이다. 하나의 잘못됨이 모든 것을 흔들어 댈 때 온 존재는 경련을 일으키고 악마적인 구덩이는 그 모습을 나타내 어쩔 수 없는 삶의 함정에 빠지고 만다.

사랑의 밝음이 극단적일수록 그 어두움의 그림자는 깊고 길게 드리운다. 세월의 흐름과 무관한 영원한 사랑의 속성은 그 인생의 내면에 깊은 상처를 내고 알 수 없는 고통과 괴로움을 남긴다. 현실을 거부하고 떠나는 선택이 아닌 다음에야 왜곡된 정신세계는 이상행동으로 표출될 수 있고 존재함 그 자체가 문제시 된다.

결국 존재함을 위해 사랑과 비슷하지만 사이비적인 환상을 스스로 만들어 내는 정신의 활동은 비정상적인 정신성(Mentality)의 체계를 구축한다. 주관적 현실에 빠져 객관성을 잃어버린 이성理性은 정서상의 불구에 그 자리를 내주고 만다.

이성理性이 제 기능을 잃게 되고 감정의 흐름이 불규칙해지면 그 정신성은 비정상성(abnormal)이 되어 간다. 이렇게 사랑의 파국은 시작된다.

한 개체가 다른 개체 즉 한 사람이 다른 사람으로 인하여 받는 영향은 이렇게 놀랍다. 특히 이성異姓간의 사랑과 그 결과는 만일 어느 한쪽이 비정상적인 결과를 그 영향으로 줄 때 다른 쪽도 온전치 못한 정신성을 갖게 된다.

IV. 물리학

상대성 이론에는 잘난 체하려는 심리적 기제가 기본적으로 내재되어 있다는 생각을 지울 수 없다. 그 이론을 공부하려면 마음에 잘난 체하려는 심리적 기제가 따라다닌다. 아니 잘난 체하려 상대성 이론을 공부하고 상대성 이론을 공부하면 잘난 체하게 된다. 기본적로 상대성 이론은 잘난 체하려 하는 사람이 만든 이론인 것 같다. 왜냐하면 시공간에 대한 새로운 이해는 정신적 건설업의 산물이고 데카르트적 삼차원 시간과 공간만으로도 현실에서는 충분하기 때문이다. 마치 수학을 잘 알아서 잘난 체하려 들듯이 상대성 이론의 이해로 잘난 체 하려 드는 것 같다. 그러나 현실적으로는 뉴턴 물리학만으로 충분하기 때문이다.

이는 다른 문화권의 핵심(meme)을 따오는 사상가들에게서 느꼈던 것과 비슷하다. 이성적인 합리성으로 충분한 이 현실 세계를 초월하여 가상의 세계를 추구하려는 사상가의 무의식적 동기는 아들러가 개인 심리학에서 본능으로 지적한 우월감이 아닐까?

그러고 보면 상대성 이론을 만든 과학자도 우월감 즉 잘난 체하려는 동기가 강한 사람이 아닐까?

양자역학이 세계대전 속의 혼미한 사회상의 반영이듯 상대성 이론을 개인 우월감 추구의 심리학으로 이렇게 정리해 본다.

1. 양자역학

(1) 양자역학 1

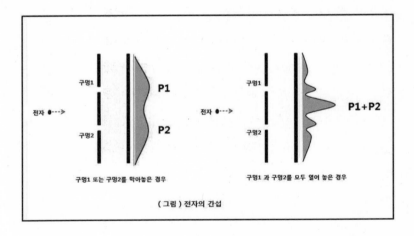

(그림) 전자의 간섭

이제 전자의 행동양식을 규명해보자. 먼저 분명히 해둘 점은, 하나의 전자는 항상 온전한 덩어리로만 존재하기 때문에 전자는 구멍1 아니면 구멍2, 둘 중 '하나'를 통해서 감지기에 도달한다는 것이다. 이것을 명제의 형태로 쓰면 다음과 같다.

명제A: 개개의 전자는 두 개의 구멍 중 반드시 하나만을 통하여 감지기에 도달한다.

명제A를 사실로 가정하면, 두 번째 벽에 도달하는 전자는 두 가지 부류로 나눠진다.

(1) 구멍1을 통과한 전자와,

(2) 구멍2를 통과한 전자가 그것이다.

따라서 우리가 얻은 확률 곡선은 부류(1)에 속하는 전자에 의한 효과와 부류(2)에 속하는 전자의 효과를 더한 결과임에 틀림없다. 이 확신에 찬 추론을 확인하기 위해, 이제 구멍 하나를 막은 상태에서 실험을 해보자. 먼저 구멍2를 막은 경우부터 시작한다. 이 경우, 감지기에 도달하는 전자는 누가 뭐라 해도 구멍1을 통과한 전자이다. 감지기의 딸각 소리를 측정하여 그 빈도수로부터 얻은 결과는 P1로 표시되어 있다. 우리의 예상과 잘 맞는 그래프이다. 이와 비슷한 방법으로 구멍1을 막은 실험 결과는 P2이며, 이 역시 그렇게 표시되어 있다.

그런데 여기서 심각한 문제가 발생했다. 구멍 두 개를 모두 열어놓은 실험에서 얻어진 P12가 P1+P2와 전혀 딴판으로 생긴 것이다. 그런데 우리는 수면파 실험에서 이와 비슷한 결과를 얻은 적이 있다. 그러므로 우리는 다음과 같은 결론을 내릴 수밖에 없다.

-'전자는 간섭을 일으킨다.'[20]

---

20 파인만의 물리학 강의 Lectures of Physisc Volume III by 리처드파인만 외, 정재승 외 옮김. P 1-8, 1-9

전자가 때로는 입자처럼 행동하다가 때로는 파동처럼 행동하는 것으로 보이기도 하다. 그러나 이것은 사고실험이다. 실제로 전자가 어떻게 움직이는 지는 아무도 모른다. 칸트가 이야기한 물자체(thing it self)로서 전자자체는 우리가 알 수 없는 것이다. 다만 현상적인 것만 알 수 있을 따름이다. 여기에 과학과 철학의 차이점이 있다. 과학은 관찰과 실험을 통하여 물질의 운동을 알려고 하지만 철학적 정신은 사유에 의하여 이성적인 추론만 할 따름이다.

　　닐스 보어가 사고한 실험은 그 당시 정치적 상황과 관계가 있다고 나는 생각한다. 나치 독일이 점령하여 갖고 있는 정치적 현실에서 온전한 이성적 활동은 상당히 제한되고 흔들리고 있었고 정신적 황폐함 속에 내동댕이쳐져 있었을 것으로 생각된다. 따라서 전자가 슬릿1을 통과하여 흔들림 없는 입자의 모습을 띠우고 있다가 슬릿2를 통과하여 다시 혼란된 모습인(이성적으로 설명하기 어렵다.) 파동의 성질을 띠고 있다고 다시 번복하는 것은 그 당시 혼란된 심적 상태에서 무엇인가 카오스적인 상태에 대한 마음의 표현이 아닐까 생각이 든다. 사실 슬릿2를 통과하면서 실제로 파동의 성질을 나타내는 지는 아무도 알 수 없는 것이다. 누군가 나를 관찰한다고 생각하면 나는 당연히 경계심을 나타내고 나의 마음자세도 달라진다. 마찬가지로 전자도 검전기(Detector)를 들이대는 순간 전자의 입장이 입자의 모습을 띠며 이성적인 합리적 상태 즉 뉴턴 역학적 상태의 물질이 된다. 그러나 관찰과 측정이 없는 상태에서는 파동의 성질을 나타낸다는 사고 실험은 단지 철학적 심리상태의 발로가 아닐까 생각이 든다. 이 우주도 초월적 존재자가 관찰하고 있기 때문에 이렇게 정상상태로 가동되고 있는지도 모른다.

예로부터 우주를 '코스모스(Cosmos)'와 '카오스(Chaos)'의 두 상태 중 하나로 보는 철학적 견해가 있었다. 뉴턴적 세계관은 우주를 코스모스로 보는 반면 양자역학적 우주관은 우주를 카오스의 상태로 본다. 카오스 상태의 우주는 확정적인 것이 하나도 없고 혼돈과 뒤엉킴으로 세계를 본다. 닐스보어가 살았던 전쟁의 20세기는 그 당시 살았던 사람들의 불안과 초조감이 마치 카오스적인 우주와 같았을 것이다. 닐스보어와 하이젠베르크가 혼란스러운 정치적 상황 속에서도 이성적인 가치관을 갖으려 노력한 흔적이 양자역학에 남아 있는 것이 아닐까?

어느 사상이나 과학적 발견도 시대적 상황의 발로라고 생각이 든다. 제2차 세계대전의 혼란된 상황 속에서 무기력한 인간의 이성과 의지를 느끼며 실험실 속에서 생각의 최초의 발로가 전자가 슬릿을 두 번 통과하면서 입자의 상태 즉 뉴턴 역학적 결정론이라면 그 당시 과학자들에게 무슨 희망이 있고 과학적 탐구의욕이 일어날 것인가? 당장 내일 어떤 총격전과 싸움 속에 자신이 어떻게 될지 모른다면 차라리 전자의 행동은 불확실한 모습 즉 파동과 입자의 혼란된 상태로 이미지화하는 것이 그들의 무의식이 반영된 사고실험이 될 것이다. 이렇게 엇박자가 된 현실이 전자의 극미적 상태 즉 인식불가 상태에서 가상적 사고실험에도 반영되어 있다고 믿고 싶다. 어긋난 현재의 여기와 혼란된 전자의 행동이 일치하며 이는 새로운 세계관의 단초로서 그 역할하기가 충분하다고 본다.

파인만(Richard Feynman)은 양자역학을 완전히 이해하는 사람은 단 한 사람도 없으며 알 수 도 없다고 한 말은 그 당시 전쟁을 이해하고 제 정신 차리고 살 수 있는 사람이 단 한 명도 없다는 말과 같다고 본다. 결국 양자역학적 세계관은 세계대전이라는 극히 긴장되고 어지러운 삶 속에서의 가치관이 가질 수밖에 없는 그러한 삶의 방법론(Methodology) 중의 하나가 아닐까?

관측자와 관측대상, 시간과 공간의 배열을 다시 해 보자. 즉, 관측자(나)−시간−관측대상−공간 또는 시간−관측자−공간−관측대상처럼 말이다. 시간은 내적 직관이고 공간은 외적 직관이라고 한 철학자는 말한다. (임마누엘 칸트) 그러면 양자역학의 관측자와 관측대상의 관계와 상대성 이론의 시간과 공간의 관계를 응용해 보면 관측하는 나는 확률적이고 이중적이며 불확실하게 (여기까지가 관측자−시간이다) 서로 관계되어진 관측대상을 볼 뿐(여기까지가 관측대상−공간이다)이라는 것이다. 즉 나의 내부와 외부는 서로 연결되어 있으며 나도 이미 그 시스템 중에 포함되어 있다는 것이다.

그러나 여기서 빠져 있는 것은 관측자와 관측자 사이의 관계이며 이점에서 물리학과 다른 버전의 학문인 심리학과 사회과학으로 넘어 가는 터닝 포인트(Turning Point)를 만나게 되고 근본적으로 내가 물리학을 공부하게 되는 동기 내지 가치를 염두에 두는 형이상학(Metaphysics)으로 넘어가게 된다.

즉, 양자역학의 관측자와 관측대상에 대한 이론과 상대성 이론의 시공간 계산을 조합하면 유기체적 변증론으로 설명할 수 있고 이는 나 자신에 대하여 그리고 다른 사람들에 대한 인류원리의 인문학으로 자연스럽게 유출된다.

(2) 양자역학 2

양자역학에서 사람들의 관심을 가장 많이 끄는 부분은 측정행위가 결과에 영향을 준다는 것과 '불확정성 원리(uncertainty principle)'이다. 무언가를 측정할 때 오차가 생기는 것은 당연한 일이지만, 여기서 말하는 불확정성은 가장 이상적인 환경에서 측정을 한다 해도 결코 0으로 줄일 수 없는 오차를 의미한다. 우리는 어떤 현상을 관측할 때 어쩔 수 없이 관측 대상을 교란시키게 되고, 또 관측 대상이 교란되어야 타당한 관점을 확보할 수 있다. 양자 역학이 태동하기 전에도 관측자가 중요하게 취급되는 경우가 가끔 있었지만, 그다지 심각한 상황은 아니었다. 그때 제기되었던 문제는 이런 것이다.

─숲 속에서 거대한 나무가 쓰러질 때, 그 주변에 사람이 아무도 없다면 과연 소리가 날 것인가? 물론, '진짜' 숲속에서 '진짜' 나무가 쓰러진다면 사람이 없어도 소리가 난다. 소리를 들어줄 생명체가 그 주변에 없다 해도 어떤 형태로든 소리의 흔적이 남을 것이기 때문이다. 공기의 진동으로 인해 나뭇잎이 흔들리고 그 잎이 나무 가시에 긁혀서 찢어질 수도 있다. 이것은 나뭇잎이 흔들렸다는 가정을 세우지 않으면 설명할 수 없는 현상이다. 그러므로 소리가 직접 들리지 않았다 해도 그곳에 소리가 '있었다'는 증거는 얼마든지 찾을 수 있다. "하지만 소리는 들리지 않았잖아요?"라고 따지고 싶은 사람도 있을 것이다. 그렇다. 소리를 들어줄 생명체가 없으면 당연히 소리는 들리지 않는다. 그러나 소리가 '들린다'는 것은 인간의(또는 생명체의) 감각에 관한 문제이다. 그 근처를 지나가는 개미가 소리를 들을 수 있는지, 또는 나무들

도 소리를 들을 수 있는지, 그것은 아무도 알 수 없다.[21]

인식론적 불가의 입장에서 귀와 눈이 없는 상태에서 어떻게 나무가 쓰러지는 것을 알 수 있는가는 아주 오래된 철학적 문제이다. 우리가 오감으로 체험하지 못한다면 저 멀리 안 보이는 곳에 어떤 사건이나 상황이 벌어져도 우리는 알 수 없는 것이다. 당장 우리가 눈을 감는 다면 물체는 우리의 인식에서 사라져 아무것도 알 수 없는 것이다. 그러나 분명히 우리가 볼 수 없고 당장 만질 수 없다고 하더라도 분명히 세상은 거기에 있음을 우리는 이성적으로 알고 있다. 그것을 가능케 하는 것이 절대정신일 수도 있고 신의 정신일 수 있고 아니면 자연이라고도 할 수 있다. 양자역학은 과학 중에서도 공학적인 면보다 철학적이고 인문학적인 경향을 지니고 있다. 특히 철학 중 인식론과 존재론 부분의 현대적 진화이다. 그리고 설령 눈과 귀를 열고 있는 상태에서 어떤 사물을 보더라도 보는 각도에 따라 시시각각 사물이 달라져 보인다. 그렇다면 그 사물의 진짜 모습은 무엇인가? 여기에 추상화에 따른 우리 인식의 이미지가 있다. 현실에 주어진 구체적인 사물은 우리가 이성적으로 사고하는 어떤 이미지의 그 사물은 아니다. 여기에 보편성에 대한 논쟁이 있을 수 있다. 우리가 정신, 생각, 올바름 등 보편적인 개념들을 생각할 때 범하는 오류는 그 개념 들 즉 그 이미지를 마치 현실의 사물로 환원하여 생각하려는 데 있다. 단지 사고의 이상적인 상태, 이차적인 생각들 또는 추상을 마치 물건인 모양 여기 있음의

---

21 파인만의 물리학 강의 Lectures of Physisc Volume III by 리처드파인만 외, 정재승
   외 옮김. P 2−10

한가지로 생각하려는데 오류가 있다. 둘에서 하나를 빼면 하나가 남지만 하나에서 둘을 뺀 마이너스 하나는 구체적인 현실로 여기 존재자로서 있을 수가 없는 것이다. 그렇다고 음수의 존재를 부정하면 수학은 성립할 수 없다. 마찬가지로 우리의 이성의 산물인 추상화를 마치 현실의 여기 있음의 한가지로 생각한다면 우리는 마법사가 되는 수밖에 없다. 마법은 모든 것을 현실로 가능화시키려는 인간의 욕망에서 나온 상상이다. 존재는 하되 현실적 존재자로서의 있음이 아닌 가능성의 존재로서의 그것을 인정해야 이러한 마법은 풀린다. 다르게 말하면 존재와 존재자의 구별이 필요하다. 소박하게 있는 그대로의 모습이 아닌 욕심이 섞인 어떤 의지가 있으면 우리의 정신은 혼돈에 빠지게 된다. 어떤 두려움 또한 욕심 못지않게 우리를 혼란에 빠지게 할 수 있음은 다른 정서상의 활동성이 마찬가지로 우리를 마법에 빠지게 함을 우리는 알 고 있다. 순전한 상태에서의 정확히 바라봄을 통하여 우리의 이성은 올바른 판단과 추론을 할 수 있는 것이다.

가령 '정신적 모험'이라는 단어를 생각해 보자. '정신적'이라는 단어는 무엇인가를 수식하고 있고 그 뒤에 어떤 추상명사도 잘 어울린다. 예를 들어 정신적 세계, 정신적 사랑, 정신적 지도자 등. 그러나 우리의 이성을 마비시키는 사고는 이 '정신'이라는 추상적 개념을 마치 현실의 어떤 존재자 모양 또는 물건 모양 생각하려고 할 때 발생한다. 그러한 사고가 뒤에 '모험'이라는 단어를 수식함으로써 그 발생가능성을 증폭시킨다. '모험'이라는 단어는 현실의 구체적인 존재자를 지시하는 단어이고 '정신'은 어떠한 보편개념으로서의 단어인데 이를 결합시켜 놓음으로써 마치 '정신'이라는 단어가 현실로 주어진 구체적인 사물인 모양으로 해석되고 이해되려 한다. 왜냐하면 '모험'이라는 단어의 설정이 '정신'이라는 단어를 끌어들임으로써 함께 해석되고자 하고 거기에서 어떤 새로운 무엇인가가 나올 것 같은 환상이 우리의 정신을 마법에 걸리게 만든다. 이러한 마법적인 단어의 조합은 애초 데카르트가 사람을 정신과 육체로 나눌 때 생겼는지 모른다. 우리는 모두 한 가지인데 이를 둘로 나눌 때 이러한 마법은 시작되었을 수 있다. 하늘과 땅, 음과 양, 여자와 남자, 흑과 백 등 이러한 이원론적인 사고 중 하나가 정신과 육체이다. 순수한 정신을 천사라고 보고 이러한 순수한 정신 중 창조되지 않은 정신을 신이라고 한다. 우리 정신은 육체에 걸쳐있다. 그러나 정신이 육체이지는 않은 것이다. '모험'은 육체를 상정하고 있는 단어이다. 그곳에 육체에 걸쳐있는 '정신'을 바꿔치기 하니 우리는 순간적으로 마법에 걸린다. '모험'은 여기 있음으로서의 단어라면 '정신'은 존재로서의 단어이다. 존재자로서의 '모험'이 존재로서의 '정신'과 결합한 것이다. 존재자와 존재가 결합된 것이다. 이는 혼동이고 이해 없음이다. 존재자는 존재자이고 존재는 존재인 것이다. 만약 순서를 뒤바꾼다면 어떻게 될까? '모험적 정신', 이는 모험을 좋아하는 정신 즉 어떤 사람의 태도나 자세를 말하는데 그 자세나 태도가 모험적이고 위험을 좋아한다는 것이다. 그러나 '정신적 모험'은 모험이 있는데 정신과 관계된 모험이라는 것이고 물질적 세계나 육체적 세계와 관계된 모험이 아니라 어떤 추상적이고 보편적 개념들이나 이성과 관계된 또는 수학적 사고와 같은 것과 관계된 모험이라는 것인데 이는 말이 잘 안 맞는다. 어떻게 보편개념이 모험을 한 단 말인가? 어떤 실체 즉 어떤 사람이 있는데 그가 보편개념들을 갖고 생각하는 것을 좋아한다든지 수학적 개념을 갖고 수학문제를 푸는 것을 좋아하는데 아주 열광적으로 열정적으로 한다는 것일 수 있다. 모험은 위험을 감수한다는 의미도 있지만 열정적으로 전심으로 열정적으로 하는 자세를 의미하는 것일 수 있겠다. 따라서 '정신적 모험'이라는 것은 어떤 사람이 열광적으로 보편개념 즉 철학을 좋아한다거나 수학적 개념 즉 수학을 좋아한다는 의미가 될 수 있다.

2편
열사의 나라 통신

2014년 3월 21일부터 2015년 9월 13일까지의 열사의 나라와 한국 간 선후배 대화

2014년 3월 21일 금요일

상무님, 부장님. 안녕하세요? 열사의 나라에 온 지 벌써 두 주가 되었습니다. 건강히 계시죠? 여기는 금요일이 휴일이라 점심 먹고 메시지를 보내드립니다. 지난주에 회사에서 ○○지역 쪽에 프로젝트를 수주했다네요. 여기는 일은 많은데 일손이 딸린다고 합니다.

영기 선배님: 수고가 많구먼. 반갑네. 발전하는 건설회사인가 봐. 잘 이끌어 나가기 바라네. 요즘 좀 더워졌지? 여기도 이젠 봄이 완연해. 좀 있으면 벚꽃도 피겠지. 강원도엔 지금도 눈이 내리지만. 규칙적인 운동으로 건강관리를 잘하고 맛없는 연기과자는 가급적 멀리하여 들어올 땐 완전 금연상태로 귀국하기 바래. 의지를 갖고 해야 해. 어젠 모임이 있었고 내일은 산행을 할 예정이네. 내가 추천한 코스지. 우리 같이 해봤잖아. 지난번에. 암튼 잘 지내고 또 보자구.

2014년 3월 28일 금요일

안녕하세요? 상무님, 부장님. 어제 이곳 숙소에서 싸대기를 4잔 마시고 오늘 일어나니 머리가 맑지 않네요. 전무님과 상무님의 일장 연설에 열심히 들었던 기억밖에 없습니다. '제행무상諸行無常'이란 말이 대화 중 나왔는데 이 분들의 마음 한가운데 깃들인 '공허'가 한아가리 하더군요. 일을 해도 가슴 속의 '무'와 항상 사귀어야 하나 봐요. 산행은 잘 다녀 오셨나요? 건강 잘 돌보시고 '평상심' 잃지 않으시길 빕니다.

2014년 4월 1일 화요일

　오늘은 낮 기온이 37도이었습니다. 빨래는 손수 세탁기에 돌려 말리고 있으며 방은 독실인데 지낼 만합니다. 사장님이 불시에 전화하고 현장방문을 한답니다. 저는 관리부장으로 발령 나 가설 컨테이너로 사무실 세팅 중으로 야간이 많습니다. 지금도 10시 20분인데 내일 5시 30분에 일어나기 위해 일찍 자야겠습니다. 건강하십시오.

　영기 선배님: 답변이 늦었네. 그래 인생은 어차피 지나고 보면 다 허무한건지도 모르지. 잘됐든 못됐든. 그러나 유한하게 주어진 것이니 기왕 사는 거 맘먹고 살다 가자구. 나이가 들면서 점점 체념과 무욕의 경지로 자신도 모르게 빠져 드나봐. 가족이 있으니 책임감으로 열심히 살아야 하는 현실이 있으니 그게 삶의 존재감이 아닐지. 암튼 열악한 건설현장에서 전해주는 생생한 이야기에 머리가 숙여지네. 건강을 해치지 않게 늘 조심하게나. 관리부장 발령 축하해.

　수레를 끌고 있는 천리마를 보고 눈물 지은 중국의 한 장수 이야기가 떠오릅니다. 답장 감사드리며 새로운 하루를 다짐해 봅니다. 감사합니다.

2014년 4월 11일 금요일

날씨가 점점 더워지고 있음. 습기가 없어 그나마 다행임.
첫 월급 수령. 기분이 아주 좋음. 수습 3개월간 80%
소장님과 본격적으로 일을 통해 만나기 시작함.

약간 가족과 한국이 그립지만 일에 파묻혀 극복하려 함.

신분증 수령, 운전면허 시험 볼 예정임.

이상입니다. 상무님 부장님 늘 건강하십시오. 상무님! 혹시 전무님을 만나보셨나요?

영기 선배님: 전무는 누구를 얘기하시나?

예, 상무님께서 남한산성 산행에서 막걸리 드시면서 연말까지 있었으면 계열사에 자리정도는 만들었을 거야 하시던 그 젊은 본부장님이요. 머리에서 그 말씀에 진심이 들어있었다고 뱅뱅 도네요.

2014년 4월 12일 토요일

영기 선배님: 현장적응 잘하고 있는 거 같아 심히 기쁘네. 봉급수령 축하해. 감격스럽구먼. 외화 벌어 나라경제에 이바지하고 가정의 행복을 추구하는 중년의 열정을 높이 사지 않을 수 없네. 뭔 장관 같은 멘트를 하는 건가, 내가? ㅎㅎ

이제 벌써 두 달째니 금방 휴가일이 다가오리라 믿어. 일에 파묻히다 보면 일주일이 금세 가버리잖나. 담배는 거기 있는 동안 꼭 결단을 내리고 들어오게나. 16일에는 북한산 산행이 있는데 정릉코스로 올라가 국민대쪽으로 내려올까 해. 산악회로 발전이 되어 버렸어. 내가 산행코스를 정하고 있는데 산행대장이라며 부추겨서 그리하고 있지. 거기서도 꼭 매일 매일의 운동계획을 세우고 실천하기 바라네. 건강하자. 아자아자!

2014년 4월 18일 금요일

먹고 자고 호흡하는 것은 한국과 똑같으나 일하고 그리워하는 것이 추가됨.

○○지역의 부장과 안부 통화함. 열사의 나라 지사장은 가족 동반 체류 중. K 부장은 리비아에서 다음 주 중 복귀예정임.

뉴스에 페리호 사건이 크게 나와 슬픈 마음과 현장안전의식에 경각심을 고취함.

초반의 적응기간이 안정화됨에 따라 장기적 체류근무를 위해 모드 전환 중입니다. 이제와 생각해 보니 한국에서의 '여백의 생활'도 감사한 시간이었습니다. 건강하시고 늘 승리하시길 간구합니다. 감사합니다.

영기 선배님: 반갑네. 그제 산악회를 북한산 정릉─구기동 코스에서 하였다네. 다음은 관악산코스를 하기로 했지. 지금 세월호 침몰로 온 나라가 비통에 잠겼다네. 어찌 그런 일이 생기는지 몰라 아이들만 생각하면 절로 눈물이 날라 하네. 기적이 일어나길 빌어 보네만 잘될는지는 하늘에 맡길 수밖에. 점점 뜨거워지는 기후에 더욱 몸조심하게나. 가족의 힘이 제일 큰 버팀목이지. 토목 현장인가 거기가? 암튼 수고하고 또 보자구.

제가 근무하고 있는 현장은 대학교에서 발주한 간호대학교 신축 건축현장입니다. 그리고 ○○지역 쪽에 신규 수주한 건축공사가 있어서 한국에서 건축엔지니어를 모집하고 있는 것으로 알고 있습니다. 또한 관리직군의 소요도 있을 것으로 예상합니다. 서울사무소로 연락하시면 채용여부를 아실 수 있으실 겁니다. 늘 건승하십시오. 감사합니다.

2014년 4월 25일 금요일

○○지역 토목현장으로 출장 와서 근무 중입니다.
어제 싸대기를 많이 먹어 퍼져 자다가 일어났습니다.
낮에 햇볕이 따갑고 덥습니다. 에어컨 발명가는 정말 위대합니다.
오늘은 별 소식이 없어 이만 마치겠습니다.

2014년 4월 27일 일요일

영기 선배님: 반갑네. 열사의 나라 통신원! 업무지식을 많이 습득했
는가? 타 현장까지 챙기는 거 보니 많이 늘었나봐. 싸대기를 자주 먹는
가보구나? 술은 아무래도 정신력을 흐리게 하니까 늘 적당히 조심하도
록 하게나. 골프연습이 가능하면 좀 하도록 해. 그것도 괜찮은 운동일
터. 이젠 더위와 싸워야 하는구면. 건강 잘 챙겨야 하네.
이곳은 온통 세월호참사로 연일 침울하다네. 115명이 아직도 실종
중. 온 사회시스템이 변해야 함을 강력히 경고하고 있다고 봐. 낮잠을
잘 자고 몸 관리 잘하기 바라네. 빠이!

2014년 5월 2일 금요일

약 2주간의 ○○지역 출장을 성공적으로 마치고 내일 새벽 ○○지
역 현장으로 복귀합니다.
새벽 2시부터 공구리 치는 바람에 두 번이나 아주 힘들었습니다. 여

기는 낮에는 더워서 공구리를 새벽 일찍 칩니다.

온 지 두 달 만에 홍해 바닷가에서 해수욕을 즐겼습니다. 산호도 두 개 건져내 말리고 있는 중입니다.

회사가 토목, 건축 관련 추가 수주로 우리나라 직원을 구인 중으로 알고 있습니다.

요사이 우리나라에 사건사고가 있으니 마음이 편치 않네요. 상무님, 부장님. 늘 건승하시길 빕니다. 감사합니다.

영기 선배님: 날이 뜨거우니 새벽 공구리를 치는구만. 안 봐도 비디오일세. 잠도 못자고 고생이 많으이. 홍해바다에 몸을 담구고 산호도 건지고 하는 것은 조그만 위안이로세. 바다가 엄청 맑을 텐데. 가끔 물에 담구고 힐링하게나. 오늘은 또 지하철 추돌사고로 부상자가 발생해 화들짝 놀랐지. 말도 많고 탈도 많은 세월호참사가 아직 온 사회를 짓누르고 있고 나도 프로필사진을 나비형태의 노란표지로 바꾸었는데 많은 사람들이 그리하고 실제 리본을 다리 난간에 묶기도 하고 각 아파트마다 플래카드도 내걸었다네.

참, 그 회사에서 직원을 뽑는다니 계약직으로 근무하다 최근 퇴사한 자재구매 통관운송 담당 전문가가 있는데 소개해 봐도 되는지 알아봐주게. 관리는 좀 배우면 할 거야. 아부다비서 내 밑에서 근무했었는데 확실한 친구이긴 해. C과장이라고. 필요하면 이력서를 메일로 보내줄 수 있네. 어디 소개할 데라도 있어도 좋고. 통신 읽는 재미가 쏠쏠하고 좋구먼. 건강하세나! 땡큐!

그러한 자리가 있는지 다음 주에 잘 알아보고 다시 연락드리겠습니다.

2014년 5월 5일 월요일

　○○지역에 자재과장인 L과장이 있는데 아직 잘 하고 있습니다. ○○지역 지역의 추가 수주가 진행되고 있으며 공사가 더 커지고 인원이 많아지면 자재과장도 더 소요될 것으로 보입니다. 현재는 소요가 없지만 추후에 있을 것으로 사료됩니다. 소요가 있을 때 다시 연락하여 연계토록 해보겠습니다. 감사합니다. 건강하세요.

　영기 선배님: 대단히 고맙네. 이메일 알려주면 이력서 보내줌세. 자재겸 관리도 될 걸세. 암튼 노력해주니 넘 감사하네.

2014년 5월 16일 금요일

　여전히 여기는 덥습니다. 서울도 초여름 날씨라지요?

　위기의 열사의 나라 생활인 것 같습니다. 아니 직장생활의 위기 인 것 같습니다. 현장의 일들과 관계된 문제, 급여와 관련된 수습기간 문제들, 참고 버티고 가고 있습니다.

　코로나 바이러스 관련 주의 공문이 현장에 내려 왔습니다.

　상무님, 부장님 몸 건강하시고 늘 건승하십시오.(열사의 나라 초기의 얼떨떨한 것은 지나가고 진짜 생활이 펼쳐지려는 것 같습니다.) 감사합니다.

　영기 선배님: 메르스 사태가 심각하던데 진짜 조심해야 해. 판단은 알아서 잘 하고. 너무 참으면서 하지는 말고 잘 결정해.

2014년 5월 23일 금요일

서울도 30도를 오르내리고 있다죠? 여기는 점점 더 더워지고 있습니다.

코로나 바이러스 주의 문구가 여기저기 보입니다. 건강관리에 주의를 해야겠습니다.

파키스탄, 인도 등에서 삼국인들이 인선되어 들어오고 있고 서울사무소에서 선발한 한국 엔지니어들도 열사의 나라로 입국하고 있습니다.

그동안의 hard time이 주춤하고 약간 숨을 고르고 있습니다. 부장님의 적절하신 말씀이 저에게 지침이 되고 있습니다. 등산을 하고 싶은데 여기는 등산할 만한 명산이 없습니다. 상무님, 부장님. 여름철 몸 건강관리 주의하시고 늘 건승하십시오. 감사합니다.

영기 선배님: 그래도 잘 참고 하고 있구나. 이제 본격적 무더위로 접어들겠네. 오침시간도 운영되겠지. 규모 작은 회사는 일도 묶어서 많이 해야 할 거야. 포항의 D건설로 옮긴 이 부사장한테 자네 이야기를 해놓았는데 혹시라도 귀국에 대비해서 말이야. 거기서도 해외공사 인원을 물색 중이더라구. 우연히 다른 얘기하다가 나왔으니 괘념치 말게나.

한 번 시작한 일은 할 때까지는 최선을 다하는 것이 좋겠지. 얼마 있으면 휴가 나올 테니 그 기분으로 열심히 해야겠구만. 여기도 지금 되게 덥네 그려. 비가 한 번 팍 내리면 좋겠네. 지난 토요일엔 북한산 종주 아홉 시간했는데 다소 힘들었어. 6월 6일에 다시 광교산청계산종주 12시간 하기로 했지. 거기서도 몸 관리 잘해서 나오면 팔팔하게 산행하도록 해 담배 끊는 의지를 발휘해봐 몸에서 나는 냄새가 혐오스럽더라구. 아자아자 힘힘힘!

2014년 5월 30일 금요일

지난 주간은 신체에너지가 낮아져 고생했습니다. 이곳은 여전히 뙤약볕이 따갑고 뜨거운 아주 말리는 날씨입니다.

이국땅이란 느낌은 점점 가시고 현장 일과 부딪기는 사람들 사이에 시간은 흐르고 있습니다.

자기관리에 손을 놓지 않도록 항상 주의를 하고 있습니다.

우리나라의 초록 나뭇잎이 울창한 산속에서 물 한잔 들이키는 정취를 느끼고 싶은 마음이 간절합니다.

저에 대한 각별하신 돌봄에 감사드리며, 제가 마음 놓고 여기서 근무할 수 있겠습니다.

항상 건강하시고 늘 건승하십시오!

2014년 5월 31일 토요일

영기 선배님: 무더위에 고생이 많네. 괴질은 좀 사라졌는가? 여기도 5월 하순 기온으론 뭐 육십 몇 년 만이라네. 완전 한여름 날씨여 33.4도니 원. 신체에너지가 충만해야 하는데 떨어지면 우짜노. 잘 좀 유지하면 좋겠네. 세월이란 것이 만병통치약임은 자명한데 그 감내의 기간이 문제일 수 있지. 더위에 건강 잘 지키기 바라네.

2014년 6월 6일 금요일

휴일 시간에 주택관리사 시설개론 중 토공사 부분을 듣고 있습니다. 현장이 토공사 중이어서 스터디를 하고 있습니다.

소장님이 출장을 마치고 오셔서 강력한 리딩을 하고 계십니다.

금월 28일부터 라마단이 시작되는데 공정표 상 실행은 많이 잡아놔서 문제입니다.

제가 약 1년간 쉬어본 바 자칫 생활공간이 좁아지거나 막히는 답답함이 올 때가 있습니다. 넓은 의미의 봉사활동을 하면 해소가 되더군요.

열사의 나라 생활도 자기하기 나름인 듯합니다. 여전히 수습생활이지만요.

상무님과 부장님 모시고 막걸리 한잔하는 날을 기다리고 있습니다. 늘 건강하시고 생활에서 건승하시길 빕니다. 감사합니다.

2014년 6월 13일 금요일

한 주가 후딱 지나갔습니다. 터파기를 하고 있는데 여기서는 비산먼지라는 개념이 덜 합니다. 워낙 모래바람이 천지라서 그런 것 같습니다. 다음 주 밑창 공구리를 준비하고 있습니다.

3개월 적응기간 이후 새로운 단계의 열사의 나라가 보입니다. 제가 변하고 있는 것 같습니다. 노래에도 마음을 붙이면 타향도 고향이라는 말이 있듯이 이를 물고 하고 있습니다. 서울도 고온현상이라고 들었습니다.

늘 건강하시고 생활에 건승하십시오. 감사합니다.

2014년 6월 16일 월요일

영기 선배님: 더운 모래바람에 고생이 많네. 라마단도 있고 요즘 이라크 내전 발생으로 어수선하고 그러네. 환경에 적응하면 편해지겠지. 어제 20킬로 달리기연습을 하며 땀을 흘리고 뚝섬을 지나다 잠시 나눔장터를 둘러보니 참 열심히들 산다는 것을 느끼며 스스로를 채찍질 하였네.

2014년 6월 20일 금요일

건강히 잘 지내시는 지요? 취업은 되셨는지요? 아니면 의미 있는 봉사활동이라도 하고 계신지요? 안위가 궁금합니다.

이라크 내전으로 현장 자재 공급에 문제가 없는지 예의 주시하고 있습니다. 현지인들은 일상적인 일인듯 한 태도를 보이고 있습니다.

월드컵을 보자고 하는 직원도 있고, 저는 피곤하여 그 열기에 동참을 못하고 있습니다.

여기는 냉방병인지 감기인지 또는 코로나 바이러스인지 구분이 안가는 증상들이 있습니다. 청결과 몸관리에 주의를 하고 있습니다.

우리나라에 많은 소식들을 접하고는 있지만 모든 일들이 잘 되기를 바라는 마음뿐입니다.

어제도 회식자리에서 자기관리를 잘 해야 한다는 말이 나왔습니다. 대학교 때 학점관리하란 말이 언뜻 지나가더군요. 무더운 계절에 늘 건강 조심하시고 생활에 건승하시길 빕니다. 감사합니다.

2014년 6월 28일 토요일

드디어 내일부터 라마단이 시작됩니다. 근무시간이 조정되고 본격적인 더위가 시작됩니다.

우리나라도 6월 말이면 더위와 장마가 시작되겠군요. 상무님, 부장님께서도 무더운 날씨에 몸 건강하시길 기원 드립니다.

요즈음은 부임 초기의 열기가 가라앉고 여기서 어떻게 하면 잘 지낼까 궁리 중입니다.

낮잠도 잘 안 오는 이 시간에 시차로 인해 이제야 연락을 드립니다. 날마다 새롭고 건강한 하루하루가 되길 기원합니다. 감사합니다.

영기 선배님: 반갑네. 라마단이라 신경이 더 쓰이겠구만. 더위와도 싸워야 하고 고생이 많으이. 휴가는 언제 올라나?

언제든지 자기관리가 제일 중요한 것이지. 며칠 전 전방초소에서 사고가 있었는데 참 여러 가지를 보여주는 사건이야. 국내도 우울한 소식들만 많아 기분은 꿀꿀해. 월드컵도 탈락하고. 이곳도 장마가 제주도 쪽에서 아직 안 올라와 좀 가문편이지. 잘 지내다 휴가 나오게나.

영기 선배님: 취업활동은 별로 안하고 있네. 쉽지 않은 측면도 있어. 그냥 프리랜서로 적만 두고 자유롭게 활동하는 그런 일이나 해보려고 해.

2014년 7월 4일 금요일

라마단 기간 중입니다. 현장은 아침 6시에 일찍 시작해서 오후 5시에 일찍 끝납니다.

한낮 더위가 40도까지 올라가고 체감온도는 더 올라갑니다. 마치 목욕탕 한증막 수준입니다.

다른 현장에서 인명사고가 나서 숙소에서 대기하는 한국공구장이 있는데 어떻게 위로할지 모르겠습니다.

서울도 땡볕 더위와 장마로 건강에 주의하여야겠지요. 그나마 여기는 습기가 없는 더위라 햇볕만 가리면 됩니다. 에어컨에 엄청 의존하고 있습니다.

상무님, 부장님. 늘 건강하시고 항상 건승하십시오. 감사합니다.

영기 선배님: 반갑네. 참말로 여기도 덥구먼. 습도가 높으니. 안전사고 났으니 공구장이 당연 벌칙 받아야지. 그러니 책임자지 뭐. 여튼 본인은 물론이고 안전사고 안 나게 젤로 신경써야해. 추석 때 휴가 올라는가? 그땐 너무 늦는 거 아닌가? 7월 산행을 수락산으로 그제 갔다왔네. 끝나고 갈 때 소나기가 내려 다행이었지. 8월도 가기로 했네. 더위도 다녀야한다고 내가 우겼어. 삼 개월 바짝 더위를 잘 이겨내게나. 또 보세.

2014년 7월 11일 금요일

여기는 여전히 40도를 오르내리고 있습니다. 서울도 폭염이던데 건강관리에 유념하시길 빕니다.

어제 싸대기를 먹어 머리가 지끈거립니다. 중동에서 술을 금지하는 이유를 알 것 같습니다.

근무한 지 만 4개월이 지나 5개월째 접어들었습니다. 휴가에 대한 기대치가 높아지고 있습니다.

무더위에서도 시원한 그늘이 있듯이 약간의 행복한 느낌이 생활 속에서 느껴질 때가 있습니다. 상무님과 부장님께 소식 전할 때도 그러한 때 중 하나입니다.

항상 건강하시고 늘 생활에 건승하시길 빕니다. 감사합니다.

영기 선배님: 그랴. 이곳은 열대야 같은 날씨여. 무지 더워. 아이들 방학 끝나기 전에 휴가 나오면 좋겠구먼. 장마가 빌빌헌지 서울은 무더워. 더운 날에 싸대기 조금만 먹어. 좋은 생각으로 생활하고 건강한 몸을 만들어야지. 인문학 책 독서도 좀 하고. 고생 끝에 낙이 온단 말 명심허고. 파이팅여. 한 2개월만 참으면 더위도 좀 꺾일 테지. 굿데이.

2014년 7월 18일 금요일

라마단 기간이 약 2주 남았습니다. 한 낮에는 밖에 나가지 않는 게 상책입니다.

사장님이 휴가 복귀 후 드라이브를 걸기 시작했습니다. 분위기가 쇄신되고 있습니다.

저도 휴가까지 한 달 남짓 남아 열심히 근무하고 있습니다.

며칠 전 회사에서 구충제를 나누어 주더군요.

서울도 아주 덥다고 하는데 건강 조심하시고 늘 건승하십시오.

2014년 7월 19일 토요일

영기 선배님: 사장이 행방불명이 잘 된다며 요즘은? 한 달이 금방 지나가면 좋겠구나. 여기도 더운데 좀 그러네. 하지만 가족은 더위가 대수랴. 건강한 모습이 보고 싶구나. 장마가 있기는 한 건지 비도 잘 안 오고 덥기만 하네. 어제 초복인데 보신음식을 못 먹었네. 담주에 먹어야지. 여튼 잘 먹고 잘 쉬고 몸 관리 잘하게.

2014년 7월 25일 금요일

상무님, 부장님. 안녕하십니까? 덕분에 저는 잘 지내고 있습니다. 휴가가 한 달 보름 정도가 남았는데 휴가 참에 귀국을 해버릴까 하는 생각도 불쑥 들곤 합니다. 다만 한국에 남아있다면 직장을 미리 잡아 놓아야 하는데 그게 문제입니다.

여기서 생활하는 것도 괜찮으며 문제는 없습니다. 라마단이 거의 끝나가지만 더위는 여전합니다. 초복이 지나가고 중복, 말복 등 삼복 더위에 더욱 건강하시고 늘 건승하시길 기원 드립니다. 감사합니다.

Ps. 일 없이 지내시니 얼마나 힘드십니까? 제가 평소 글을 읽다가 메모해 놓은 것을 아래와 같이 첨부합니다.

(첨부)

로마인 이야기 3 승자의 혼미 中 (시오노 나나미 지음, 김석희 번역)

─이 문제는 복지를 확충한다고 해서 해소될 문제가 아니다. 이들 실업자는 단순히 일자리를 잃었기 때문에 생활 수단을 잃은 자들이 아니라, 사회에서 자신의 존재이유를 잃어버린 사람들이다. 온종일 통속에 누워 있으면서도 인간의 존엄성을 유지할 수 있었던 철학자 디오게네스 같은 인물은 어디까지나 소수에 불과하다. 따라서 인간이 인간답게 살아가기 위해 필요한 자존심은 복지로는 절대로 회복할 수 없다. 그것을 회복할 수 있는 방법은 일자리를 되찾아주는 것뿐이다.

2014년 8월 1일 금요일

벌써 8월이 접어들고 입추가 곧 말복과 오는 계절에 상무님, 부장님. 안녕하십니까?

여기는 어제 라마단 기간 후 EiD HOLIDAY가 끝났습니다. 더위는 여전합니다.

회사 이름이 바뀌었습니다. 사장님 이름도 바뀌었는데 회장님의 친정 체제는 변함이 없습니다.

휴가는 9월 중순 정도에 15일로 다녀올 예정입니다. 그때 시원한 막걸리 한사발 하시죠.

본 글을 통해서도 짐작하셨겠지만 초심이 많이 흔들리고 물결이 흐르는 것 같이 마음이 변하고 있습니다. 본국에서 뜨거운 계절에 마음 고생하시는 상무님 부장님께서는 오죽하시겠습니까?

오늘은 글월이 길었습니다. 아무쪼록 삼복더위에 늘 건강하시고 생활에 건승하시길 기원 드립니다. 감사합니다.

2014년 8월 8일 금요일

라마단이 끝나고 Eid Holiday가 지나갔지만 더위는 여전하고 사무실 의자에 앉아 있으면 바지가 축축해집니다.

에볼라 바이러스가 열사의 나라에서도 발생해 경보를 울리고 있습니다. 거리에서 구걸하는 걸인들이 대부분 불법 체류자들이라고 합니다.

회사명을 바꾼 후 엔지니어링을 강화를 하겠다는 것이 아직 불분명합니다.

휴가가 한 달 남았는데 곧 뵐 수 있기를 고대하고 있습니다.

지지난 주에 이어 지난 주 열사의 나라 통신에 답글이 없으셔서 혹제 글에 문제가 있는지 반성하고 있으며, 무슨 다른 일이 있으신가 하고 궁금합니다.

어제로 만 5개월이 되어 수습생활이 종을 쳤습니다. 그리고 다른 회사에서 생활까지 합치면 해외생활도 근 1년 가까이 했습니다. 순수 현장생활이 5년이 넘었습니다. 대 선배님께는 한참 못 미치지만 더욱 분발하도록 노력하려고 합니다.

상무님 부장님, 늘 건강하시고 건승하시길 빕니다.

영기 선배님: 아녀. 나름 돌아다닌다고 읽고 나서 답을 못했을 뿐이여. 암튼 고생이 많네. 회사도 변경되고 해서 분위기가 달라졌는지 모르지만 건강한 모습으로 보게 되기를 바래. 그제는 국공산행하고 노래방에서 놀다왔는디 예전 생각이 많이 나더만. 참 상무님이 산에 갔다

가 발을 좀 다쳐 못나오셨는데 걱정되네. 건강이 최고라는 걸 다시 느끼네. 잘 지내고 또 보세.

저런! 무슨 일이 있으셨군요. 상무님! 얼마나 다치셨나요? 부디 빨리 쾌차 하세요. 답장을 받아 답답했던 가슴이 뚫렸습니다. 앞으론 더욱 좋은 소식을 전하도록 노력 하겠습니다. 감사합니다.

2014년 8월 15일 금요일

서울은 비가 많이 온다고 하는데 이곳은 마른 더위가 여전합니다.

휴가가 다음 달 중순 정도에 가능할 것 같습니다. 뵙고 막걸리 한잔 드리고 싶습니다.

상무님께서는 다치셨다는데 회복되셨는지요? 더위에 몸 건강하시길 빕니다.

추석이 다가오는데 풍성하게 수확한 농부의 모습을 그려봅니다. 항상 건강하시고 늘 건승하시길 기원 드립니다.

영기 선배님: 반갑네. 참 지루한 더위가 이제 한풀 꺾이는 모습인데 좀 더 두고 봐야지. 교황이 방한하여 온통 그 행사에 쏠려 있네. 맨날 세월호 하더니 이젠 군 기강 어쩌고 하니 참 짜증날라 해. 휴가가 왜 그렇게 길게 느껴지는가. 9월 중순이면 추석 쉬고 오겠구면. 비는 예년보다 적게 와서 좀 더 와야 할 거 같으이. 다소 시원할 때 오니 다행일세. 오늘이 광복절이지만 고교동창들과 모임이 있어 잠시 놀다 들어왔네. 골프도 가끔 하지만 당구도 치니 그것도 쏠쏠히 재밌던데 이겨야 더 재밌지. 암튼 한 달 잘 참다 오게나. 파이팅!

2014년 8월 22일 금요일

한국은 가을 기운이고 비도 온다는데 여기는 40도를 오르내리고 있습니다. 체감온도는 더 높은 것 같습니다.

휴가는 다음달 25일 정도부터 시작할 계획입니다. 벌써부터 휴가복귀여부를 따지고 있는 중역이 계시더군요.

어제 싸대기를 많이 마셔서 몸 상태가 안 좋습니다. 자기관리에 소홀함이 없어야겠습니다.

부장님께서 미국을 출장가시는 건가요? 그럼 상무님께서도 직장을 잡으셨나요? 궁금합니다.

아무쪼록 항상 건강에 유의하시고 늘 생활에 건승하시길 기원 드립니다. 감사합니다.

2014년 8월 23일 토요일

영기 선배님: 여기도 어제까지 비온뒤 다시 더워졌네그랴. 오전에 강변에 나가 15킬로 달렸더니 땀으로 뒤범벅이고 온몸에 열기가 아직도 안 식었네. 상무님은 취직은 뒤로하고 자유를 우선 만끽하시는 거 같구만. 싸대기 먹고 싸대기 맞지는 말게나.

2014년 8월 29일 금요일

어제는 휴가를 마치고 복귀한 공사부장을 환영하였습니다. 휴가 전에는 약간 흔들리는 모습을 보인 것 같은데 무사히 복귀하였습니다.

지난주에는 열사의 나라에 부임한 H사 부장과 통화를 하였습니다. 제가 H사를 떠난 지 3년째 되는데 18년간 근무한 세월이 눈 깜짝할 새였던 것 같습니다.

사장님께서 오셔서 강력한 드라이브를 걸고 있습니다.

한국과 생경한 문화 속에서 호기심 반 두려움 반의 시간들을 보내고 지금은 현장 일에 중심을 두고 지내고 있습니다.

제가 읽은 책에 다음과 같은 구절이 있습니다. '우리가 인생에서 진정 초점을 맞춰야 하는 일은 이런 일상의 유의사항을 빠르고 효율적으로 해결해내는 게 아니라, 진정으로 중요하다고 설정한 목표를 성취하기 위한 행동을 신속하고 꾸준히 취해나가는 것이다.' 저는 요즘 제가 진정으로 중요하고 처음에 원한 것이 무엇이었던가를 골몰하고 있습니다.

영기 선배님: 반갑네. 그제 남한산성 일주산행을 했는데 황상무께서 참석을 안 한 거보면 발목부상이 다 낳지 않은 것인지 모르겠네. 미처 전화를 못해봐서. 여기도 낮엔 꽤나 덥네그려. 오늘 모처럼 YCC에서 라운딩을 했는데 레일로 클럽만 운반하는 완전 오르막내리막을 걸어서 하는 골프장인데 캐디마저 초보라 스코어가 별로였네. 걷다 보니 라운딩시간이 5시간 반이나 걸리더만. 회사란 내가 걱정 안 해도 그럭저럭 굴러 가겠지. 규모가 크지 않으니 한눈에 다 보이겠네. 우리는 어렴풋하지만 머릿속에 그리는 몇 가지 일을 위해 일상을 사는 것 아닌

가해. 뭐 굳이 크지 않더라도 다 그런 게 목표가 되지 않겠나. 다들 나름대로 사는 방식이 있을 테니 존경을 해줘야지 나름대로의 목표를 잘 이루어가게나. 건강하게 지내게.

2014년 9월 5일 금요일

안녕하십니까? 벌써 한 주가 후딱 지나갔습니다.

날씨는 여전하지만 아침저녁으로는 다소 누그러진 더위입니다. 날씨는 더운데 몸으로는 한국의 가을 기분 같은 것이 느껴집니다. 알게 모르게 계절의 변화가 느껴져 다소 당황스럽습니다.

어제는 추석맞이 한국인 대잔치를 하여 윷놀이, 노래자랑 등을 하였습니다. 노래방기계 덕분에 제가 공동 1등을 하여 500리얄을 상금으로 받았습니다.

휴가가 현장일로 인해 자꾸 늦어지고 있어 10월 초에나 출발 할 수 있을 것 같습니다

민족의 최대 명절 추석을 맞이하여 풍성한 수확하시는 한가위가 되길 기원 드립니다.

영기 선배님: 반갑네. 이제 날씨도 점차 시원해지는 계절로 접어드니 근무환경도 나아지겠지. 휴가가 다소 늦춰진다니 가족들이 더 안타까워 하겠구먼. 3일 날 황 상무님과 7명이 대모산, 구룡산을 우중종주 했다네. 다리가 80프로정도 나아지셨다는구만. 추석명절이 시작되어 벌써 차가 밀린다네. 암튼 유쾌한 시간 잘 보내고 귀국하게나.

2014년 9월 7일 일요일

 민족의 명절 추석을 맞이하여 풍성한 추수를 거두시는 한가위가 되길 기원 드립니다.

2014년 9월 12일 금요일

 이곳 날씨는 한낮에는 여전히 덥지만 아침저녁으로는 약간 선선합니다.

 현장의 일들이 바빠져 가는 가운데서도 마음의 여유를 잃지 않도록 노력하고 있습니다. 이웃나라의 정치적 상황이 좋아지고 있지는 않지만 이곳에서는 평상의 일들이 바쁩니다. 현장일이 바빠 휴가가 10월 초로 연기가 되어 한 달 정도 남았습니다.

 추석 명절도 끝나고 우리나라는 더욱 가을이 느껴지리라 생각 듭니다. 환절기에 건강 조심하시고 늘 생활에 건승하시길 기원 드립니다. 감사합니다.

 영기 선배님: 반갑네. 진짜 이젠 여기도 날씨가 시원해져 가는구먼. 나는 17일에 미국 친지방문차 출국하여 2주 이내에 돌아올 계획이라네. 절기 빠른 추석이 지나니 살이 1킬로 쪄버렸네 그려. 10월 말 달리기대회 하려고 하면 살을 빼야 하는데 걱정일세. 일이 바쁘니 시간은 잘 갈 테지만 늘 건강을 유지하게나.

2014년 9월 19일 금요일

이곳은 비교적 아침저녁으로 선선해진 날씨입니다. 한낮 더위도 약간 주춤합니다.

현장의 일들이 더 바빠지고 있습니다. 더욱 자기관리에 힘쓰며 현장에 매진하고 있습니다.

휴가가 20여 일 남아 첫 휴가로 설레고 있습니다. 한국에 아시안 게임도 열리고 가을을 만끽하고 싶군요.

상무님 부장님께서도 가을 산행과 각종 행사에 즐거움을 누리시리라 생각합니다.

늘 건강하시고 하시는 일, 뜻하신 일들에 좋은 열매를 거두시길 빕니다. 감사합니다.

영기 선배님: 날씨 좋아지니 일도 많아지고 바빠지니 건강은 더욱 조심하고 즐거운 휴가 때 보기로 하지. 좋은 시절에 휴가 오니 뜻깊겠어. 또 나이도 들고 장기간 떨어져 있었으니. 암튼 용하구만. 파이팅!

2014년 10월 3일 금요일

지난주는 열사의 나라 통신을 못 보냈습니다. 여기는 10월에 접어들었는데도 여전히 덥습니다.

휴가가 다음 주 7일부터 시작됩니다. 곧 뵙고 인사드리겠습니다.

이곳은 넓은 사막지대로서 건설업종의 블루오션이란 생각이 가끔 스쳐 지나갑니다. 복합적인 관점으로 본다면 다른 수많은 견해가 있겠지요.

우리나라에는 태풍이 지나가고 아시안 게임이 열리며 여러 다양한 소식이 들립니다. 상무님 부장님께서도 만사에 다복하시길 기원 드립니다. 곧 뵙고 말씀드리겠습니다. 감사합니다.

2014년 10월 25일 토요일

휴가를 마치고 우리나라에서 올 때는 추웠는데 여기 열사의 나라에 오니 여전히 덥습니다.

상무님과 부장님의 환영식 덕분에 힘이 되어 다시 잘 시작하겠습니다.

치안 관련 우려와 달리 역시 오길 잘 했습니다. 상무님께서 주신 조언에 감사드립니다.

아직 시차적응이 안되어 내내 누워 있다가 이제야 열사의 나라 통신을 보내드려 죄송하군요.

쌀쌀한 날씨에 건강 조심하시고 늘 건승하시길 빌겠습니다. 감사합니다.

영기 선배님: 반갑네. 이젠 여긴 겨울로 치닫고 있는데 지내기는 좋지. 지난주에 설악산대청봉을 황 상무님과 12시간 비도 맞고 눈도 보고 힘든 산행한 다음 바로 또 몸을 스크린이다, 당구다, 집안청소다, 무리했더니 주초에 몸살감기 걸려 주사 맞고 약 먹고 있는데 거의 나아가네. 낼 춘천마라톤가는데 오늘 몸조리 잘해야겠어. 또 한 번 보고 갔으면 했는데 시간이 안 맞아 할 수 없었을 거야. 휴가 때 재충전하여 심기일전삼아 일상으로 돌아와 열심히 해야지. 운동도 규칙적으로 해

야 해. 파이팅!

2014년 10월 31일 금요일

안녕하십니까? 이곳도 계절에 변화가 느껴져 아침저녁으로는 제법 선선하지만 한 낮에는 여전히 덥습니다.

설악산을 다녀오시고 마라톤도 하시느라 바쁘게 지내시니 반가운 소식이군요. 기록은 나오셨는지요?

여기 현장도 기초가 마무리되고 어제 타워크레인 설치를 마무리 하였습니다.

휴가 후유증에 시달리던 일주일이 지나고 다시 열사의 나라 일상으로 돌아왔습니다.

새로운 달 11월이 코앞에 오고 곧 연말이 다가오겠지요. 환절기 건강에 유념하시고 생활에 늘 기쁨이 넘치시길 기원 드립니다. 감사합니다.

2014년 11월 1일 토요일

영기 선배님: 반가우이. 사람은 환경에 적응하기 마련이겠지. 나도 마라톤 네 시간 사십 분대 완주하고 지금 회복중인데 담달 9일에 또 중앙마라톤 출전해야하네. 나도 모르게 욕심으로 신청해놨는데 날씨가 더 써늘해지니 뛰기는 좋은데 나중 10킬로 속도 떨어지면 추울 수도 있어. 모든 일은 나와 관계없이 도도하게 흘러가고 있겠지. 다만 내

가 거기에 한 부품처럼 맞물려 돌아가고 내가 빠지면 다른 부품이 채워져서 또 아무 일 없이 돌아가고 하는 것이 인생 아닌가 싶네. 여유와 긍정의 생각을 갖고 주관대로 살면 좋지 않을까보이. 그런 의미로 모닝커피 올려보네. 마음의 위안을 삼으시게.

2014년 11월 7일 금요일

안녕하십니까? 벌써 11월에 접어들었습니다. 평안하신지요? 이곳은 아직 한낮에는 더운데 우리나라 기온은 어떠한지요?

어젯밤 철야 공구리 작업을 하고 아침에 퇴근하였습니다. 잠을 자고 나니 좀 개운합니다.

사장님이 출장을 가셨습니다. 전무님이 대신 일을 보고 계십니다.

우리나라는 이제 겨울 채비를 하고 있겠군요. 건강에 유의하시고 늘 건승하시길 빌겠습니다. 이만 짧게 마치겠습니다. 감사합니다.

2014년 11월 21일 금요일

안녕하십니까? 벌써 11월 21입니다. 서울은 춥겠지요. 여기는 아직 여름입니다. 요사이 우기이라 비가 오곤 합니다.

소장님의 복귀로 현장이 다시 활기를 찾고 있습니다. 갖고 오신 오리고기로 어제 푸짐한 회식을 하였습니다.

현장의 기초콘크리트가 끝나고 이제 골조로 넘어 가는 단계입니다.

여기 벽체는 벽돌구조 입니다.

생활의 발견이라는 말이 있듯이 열사의 나라는 시간이 흘러도 새로이 알 것들이 생겨납니다. 약간 신기합니다.

날씨가 추워지고 습해지는 계절에 건강 늘 유념하시고 더욱 건승하시길 빌겠습니다. 감사합니다.

2014년 11월 28일 금요일

안녕하십니까? 12월이 곧 다가와 연말의 분위기를 내겠군요. 이곳 열사의 나라는 한 여름입니다.

현장 기초가 끝나가고 있습니다. 되메우기를 진행하고 있습니다.

이곳은 월급을 줄 때 현금을 본사에서 수령하여 일일이 세어 봉투에 담아 줍니다. 손끝 맛이 있지만 고생스럽군요.

중동생활도 만 1년 3개월째입니다. 대기업에서는 해외근무가 2년이 최소 옵션인데 저는 몇 년 옵션인지요?

제가 모셨던 분들이 점점 직장에서 은퇴를 하시는 것을 신문이나 개인적 소식으로 듣고 봅니다. 현역에 있을 때 보다 겸허히 세상을 보아야겠다는 생각이 듭니다.

산행과 마라톤으로 건강을 관리하시면서도 새로운 꿈을 잃지 않으시기를 기원하오며 건승하십시오. 감사합니다. 파이팅!

2014년 12월 2일 화요일

영기 선배님: 반갑네. 거긴 날씨가 시원해지지만 여긴 어제 12월 첫 날부터 강추위에 눈보라가 치더니 오늘은 남부는 폭설이 내리고 북부는 한파가 몰아치네. 금주 내내 추위와의 전쟁이야. 그래서 운동도 게을러지네. 가족과의 행복을 위해 열심히 무작정 해야지 뭐. 내일은 춥지만 연말모임에 나가야 하네. 담주는 등산모임도 있고 점점 연말모임이 많아지지만 건강관리 잘해야지 뭐. 일에 익숙해졌을 테고 세월도 잘 가리라 생각되네. 항시 건강하게나.

2014년 12월 5일 금요일

안녕하십니까? 서울은 영하 추위라고 하던데 건강하신지요? 저는 지금 에어컨을 틀어 놓고 카톡을 하고 있습니다.

근로자 캠프까지 맡아 관리하라고 하여 인수인계를 받고 있습니다. 현장 관리부장에 캠프장까지 하려니 부담이 느껴집니다.

따님 교육을 위해서라도 건강에 유념하시고 현역 복귀를 하셔야겠네요. 저희 돌아가신 아버지가 생각나 눈물 납니다.

현장 및 회사의 적응보다는 이제는 리드를 해야 하는 단계가 된 것 같습니다. 시행착오는 원가상승이라는 마음가짐으로 해야겠습니다.

서울은 연말 분위기에 동장군이 맹위를 떨치고 있다고 들었습니다. 늘 건강 먼저 유의하시고 생활에 건승하시길 빕니다~ 감사합니다!

2014년 12월 12일 금요일

안녕하세요? 상무님! 그리고 부장님! 한낮에는 햇볕으로 서 있기가 힘들 정도로 더운 12월입니다.

2012년 12월 10일 열사의 나라에 도착한 이후 이제 2년이 넘었습니다. 그럭저럭 2년 옵션을 넘겼지만 들어오라는 본사는 없군요.

어제 현장의 지중보 버림을 치고 골조공사를 위한 첫 발걸음을 하였습니다.

현장과 숙소를 왔다 갔다 하니 다른 정보나 주위여건을 돌아볼 여유가 없습니다. 벌써 한주가 후딱 지나갔군요.

한국은 연말 분위기에 추운 겨울이라 생각 듭니다. 주역이라는 책에 복궤가 있는데 동지를 말하더군요. 한겨울에 새로운 양의 기운을 품 듯 희망과 소망의 시간이 되길 빌겠습니다. 늘 건강하시고 생활에 승리하십시오. 감사합니다.

영기 선배님: 반갑네. 거긴 아직도 더운가 보네 서울은 12월치곤 꽤 추운편이라 골프도 예약했다 취소하고 그랬네. 하도 추워서리. 그제는 산악회를 관악산 옆 삼성산으로 가벼이 하고 금년을 마무리 했다네. 이제 연말도 얼마 안 남았구만. 벌써 퇴직 2년 지나가누먼. 참 빠른 세월이여. 백수 되고 보니 안 만나던 사람들도 만나보고 하니 반갑기는 하데. 고교동창이나 군대동료들 말이여. 거기 간지고 벌써 2년이 됐다고? 워매 나는 한 일 년쯤 지난 줄 알았네. 그래도 잘 적응하고 일도 많이 하는 자네가 자랑스럽다네. 공부도 많이 해서 글귀도 고상한 것도 잘 알고 배울 점이 많으이! 기름 값이 자꾸 떨어지니 중동도 재정상태가 별로인거 같은데 현지느낌은 어떤가? 암튼 건강 챙기며 잘 지내기

바래. 또 보셈.

2014년 12월 19일 금요일

세월과 시간은 다르다고 하더군요. 시간은 연말인데 세월은 아직 연말이 아닌 듯합니다. 밖에 나갔다 왔는데 햇볕이 담배도 피우기 힘들 정도로 따갑습니다.

퇴직을 한다는 것이 또 다른 흥미진진한 세계로 입문한다는 뜻인 것 같습니다. 발상의 전환이란 말마따나요. 제가 열사의 나라에서 이렇게 생경한 세상을 경험할 줄은 그 당시 몰랐습니다.

소장님은 그제 한국에서 연말을 보내시려고 출국하셨고 30명 남짓 한국인 직원들은 한여름의 크리스마스를 보낼 요량입니다.

말씀대로 유가하락 때문인지 발주처 관기성이 시원치 않습니다. 약간 우려스럽기도 하고요.

동지에 붉은 팥죽 먹으며 양기를 도왔던 옛 어른들의 지혜를 생각해 봅니다. 간단한 그분들의 생활 속에 녹아있는 그 무엇!

추운 계절에 건강 유념하시고 따뜻한 보리차에 행복한 연말을 맞으시길 기원 드립니다. 건강하세요.

2014년 12월 24일 수요일

영기 선배님: 안녕! 이번 동지는 애동지라서 팥죽집에서 안 먹는대.

대신 팥시루떡해먹는대. 아직도 덥다니 역시 중동이여. 연말이 유난히 추우네. 신년엔 좀 나을런가. 내년은 을미년 내가 태어난 을미년일세. 허허, 어느새 육십갑자가 한 바퀴 돌았네. 반 바퀴 남았나? ㅎ 성탄절 의미가 별로겠지만 잘 보내기 바라네.

2014년 12월 26일 금요일

안녕하십니까? 새해가 오고 있습니다. 열사의 나라는 그네들의 달력으로 이미 새해이더군요. 시간이란 것이 인위적인 것이더군요. 어제는 현장에서 대금을 치르고 자재가 도착하지 않아 가슴 졸인 하루였습니다.

인도인, 파키스탄인, 네팔인, 이집트인, 팔레스타인인, 시리아인 등 인종 전시장 같은 게 현장입니다. 저희는 꼬리라고 부르더군요. 같이 일할 수 있다는 것이 때론 신기합니다.

오늘 H사 인사발표를 인터넷으로 보았습니다. 몇몇 아는 분 이름이 올라가 있더군요. 축하 메시지를 보내고 싶습니다.

추운 계절에 늘 건강조심하시고, 아울러 소망 넘치는 한해를 계획하시길 기원 드립니다. 감사합니다.

2014년 12월 27일 토요일

영기 선배님: 크리스마스송이 저작권문제로 거리에서 울려 퍼지지

않은 지가 꽤 됐나 본데 노랫소리 대신 구세군 종소리가 크게 들리더이다. 나는 불행히도 지난 22일 동창회 가던 중 거리의 상점 간판 전깃줄에 걸려 크게 넘어져 오른손팔목인대가 충격으로 부어올라 시간이 좀 오래 걸릴 듯 하이. 무릎과 손가락에 타박이 좀 있지만 단순 타박 같아 다행이고. 암튼 정신 차려야겠어요. H사 임원은 이제 관심이 멀어졌고 우리들 생활에 매진해야지. W상무님과 산에 가자고 했다가 팔이 다쳐 잠시 주춤했는데 다시 가자고 해야겠네. 한 해가 금방 또 가고 몸도 빠르게 노화되니 이제 각별히 건강관리 해야 합니다. 그곳에서 오랜 기간 잘 버티며 생활하고 있는 인내와 용기에 찬사를 보내지 않을 수 없네. 연말 잘 마무리하며 또 다른 꿈을 키워보기 바라네. 담배는 꼭 끊기 바래. 냄새가 사람을 멀리하게 만드니. 아자 아자 파이팅!

2015년 1월 2일 금요일

안녕하십니까? 2015년 대망의 한해가 밝아 왔습니다. 건강하신지요?

이곳은 여전히 한 낮에는 덥고 모기가 극성입니다. 인터넷으로 알아보니 북회귀선 남쪽은 열대지방으로 분류하더군요.

사장님께서 휴가 복귀하신 후 회사는 다시 활기를 찾고 있습니다. 어제 새해 인사를 드렸더니 올 한해 열심히 해보자 하시더군요.

전깃줄에 걸려 타박상을 입으셨다고 하셨는데 지금은 괜찮으신지요? 겨울철 건강관리에 특별히 유의하셔야겠습니다.

휴일에는 한국에서 갖고 온 서너 권의 무거운 철학책과 씨름하며 지내고 있습니다. 주택관리사 강의 녹음화일도 가끔 듣고 현장에 응용도 하구요.

한번은 음지가 되었다가 한번은 양지가 되는 것이 세상이라고 하는데 새해에는 변화 속에서 소망을 이루시는 벅찬 한해가 되길 기원 드립니다. 감사합니다.

2015년 1월 3일 토요일

영기 선배님: 새해 복 많이 받았지? 손목부상은 오래 간다누만. 또 자꾸 손을 쓰니까 그런가봐. 깁스를 풀어 버리고 손을 쓰니 원. 게다가 몸살감기까지 와서 연말연시를 혹독하게 보내고 있다네. 그러나 마음만은 새로이 하고 계획도 그려보고 한다네. 그쪽 지방이 원래 더운 지역인가 봐. 잘 견뎌 내고 또 다른 인생 후반기를 준비하며 건강하게 생활하도록 해. 인문학 책을 많이 보면 삶에 많은 도움이 될 거고 더불어 영어를 통달하도록 해야 해. 가족들도 무탈하게 행복하길 바라네.

2015년 1월 9일 금요일

안녕하십니까? 새해도 벌써 1주일이 지났습니다. 새해 복 많이 받으시고 소원성취 하시길 다시 한 번 인사드립니다.

어제 한국인 게스트하우스에서 저녁을 먹는 기회가 있었는데 이곳에 온 한국 분들이 생활을 위해 고생하시는 이야기를 들었습니다. 어디가나 생활고는 있는 것 같습니다.

현장은 기초가 거의 끝나고 기둥공사에 들어갔습니다. 국내나 해외나 사람들에 치는 것은 같더군요.

연말연시에 부상으로 인해 고생을 하셨군요. 새해에는 더욱 건강에 유념하시길 빕니다.

엊그제 이 열사의 나라에 처음 부임한 직원을 보며 예전의 저의 모습을 발견하곤 합니다.

서울은 추운 겨울이라지만 저는 속옷 바람에 에어컨을 틀어 놓고 카톡을 하고 있습니다.

문화와 자연환경은 다르지만 어떤 공통점은 제가 보는 대로 보인다는 것 같은 점입니다. 요새는 머리에서 '일체유심조一切唯心造'라는 말이 뱅뱅 돕니다.

새해 건강하시고 생활에 늘 승리하심이 있으시길 빕니다. 감사합니다.

2015년 1월 16일 금요일

안녕하십니까? 벌써 새해 첫 달도 중반이 되었습니다. 건강들 하신지요?

현장은 기초 되메우기가 끝나가고 1층 기둥작업 중입니다.

여기도 날씨가 쌀쌀하여 지고 있습니다. 그래도 한낮에는 덥습니다.

지난 주 답글이 없으셔서 잘 지내시는지 궁금합니다.

3월이 되면 2차 휴가를 갈 것 같습니다. 그때 또 인사드리겠습니다.

휴가 후 복귀치 않는 직원도 있더군요. 잘돼야 할 텐데…….

한 겨울을 지내시는 지금 따뜻한 봄 햇볕을 기다리시듯 희망과 소망스러운 나날이 되길 기원 드립니다. 감사합니다.

2015년 1월 17일 토요일

영기 선배님: 미안하구만 답장도 못하고. 다른 이로 늦게 다니다 밀렸네그려. 노느라 바빴어. 백수가 과로사한다더만 내가 그 꼴인가 봐. 아직 손목인대가 낫질 않고 오래가네. 몸이 아프지 말아야 해. 3월은 금방 오겠네. 그래도 꾹 참고 열심히 잘하고 있으니 참 대단해. 가족이 있으니 더 그렇겠지만은. 뭐든지 꾸준해야 해. 나는 주식시장도 엿보면서 중장기로 하니 조금 수익도 나고 해서 용돈 보태 쓰는데 참 조심스러워. 요즘은 세계경기도 그렇고 예기치 않은 일들이 많으니 잘 대처하고 앞날을 위해 공부도 열심히 하자구. 나도 이제부터 추위도 좀 가시고 있으니 운동도 좀 하고 등산도 다니고 해야겠네. 내내 건강하길 바라네.

2015년 1월 24일 토요일

안녕하세요? 한 주가 가고 다시 다음 주를 준비하는 휴일입니다.

생활 스타일과 주기는 다르지만 여기도 적응하니 나름 맛이 있습니다. 아직 낮에는 땀이 나는 여름입니다.

현장은 1층 기둥작업과 지중보 작업 중입니다. 안전에 유의를 해야겠어요.

휴가 가서 복귀도 안하는 직원이 있고, 아예 사직서를 내고 휴가 가는 직원도 있더군요. 회사의 경영이 여울져 흐르고 있습니다.

열사의 나라 국내외 정세도 다변화하고 있군요. 저희는 현장과 숙소만 오가며 공기 맞추느라 전전긍긍하고 있습니다. 한번 음이 되고 그 다음 양이 되는 것이 세상이치라면 그런 변화 속에서도 평상심으로 항상 그 무엇인가를 유지하는 지혜가 필요한 것 같습니다. 늘 건강하시고 생활에 건승하시길 기원 드립니다. 감사합니다.

영기 선배님: 오늘도 고생이 많네. 적응이 되기 마련인데 더욱 발전되길 바래. 기왕 열심히 잘하고 있으니 그곳이 끝나더라도 계속 좋은 곳에서 근무할 수 있으면 좋겠어. 아들일은 참 안타깝지만 그게 대세니 따를 수밖에. 더 나은 곳을 향하여 인고의 시간을 보내도 괜찮다고 보네. 울 아들도 다 겪었지 뭐. 꽤 공기가 긴 현장이구먼. 못 참는 직원들도 더러 있기 마련이지. 최후의 승자가 되길 바래. 또 보세나.

2015년 1월 31일 토요일

안녕하세요? 또 한주가 가고 다시 열사의 나라 통신을 띄웁니다.

아침저녁으로 선선해도 한낮은 30도를 웃도는 더운 열사의 나라입니다.

정회원으로 가입되어 있는 한국물리학회에서 국가인재DB에 등록하란 메일을 받고 어제 등록을 하였습니다. 정말 국가인재인지는 모르겠습니다만.

사표를 냈다고 소문이 난 부장이 복귀를 했습니다. 우리나라 취업

사정이 만만치 않은 것 같습니다.

하루가 매일 같은 일정의 반복이지만 그 속에서 리듬을 잃지 않으려 노력하고 있습니다. 먹고 자고하는 것을 예술처럼 하라는 니체의 권고가 생각납니다.

예전에 같이 가셨던 겨울눈 속에 등반이 까마득한 옛일 같습니다. 몸은 회복이 되셨는지요? 항상 건강하시고 늘 행복하시길 기원 드립니다. 감사합니다.

2015년 2월 10일 화요일

안녕하십니까? 지난 주 열사의 나라 통신을 누락하였군요. 주말을 정신없이 지냈나 봅니다. 제가 금월 12일에 휴가를 갈 것 같습니다. 도착하면 연락을 드리겠습니다. 건강하시고 늘 건승하십시오. 고국에서 뵙겠습니다.

영기 선배님: 야호다! 휴가를 벌모레 설 맞춰 오는구나. 나도 답을 깜박했다야. 몸이 이제 좀 나아졌고 산행과 달리기연습도 시작했어. 이번 주말엔 지리산 가기로 해 W상무님과 이사장님 등 일곱 명이 가네. 산장에서 하룻밤 자야하고. 건강하게 보세나. 파이팅!

2015년 3월 6일 금요일

안녕하세요? 휴가를 덕분에 잘 마치고 다시 열사의 나라 현장에 잘 복귀하였습니다. 감사드립니다.

우리나라에 있을 때는 추웠는데 현재 에어컨을 켜고 생활하고 있습니다. 여기는 여전히 덥군요.

내일이 만 1년이 되어 감개무량합니다. 앞으로의 1년을 기획해 봅니다.

어제 휴가 회식 때 찍은 사진을 보고 웃었습니다. 다시 6개월 후를 기대하고 있습니다.

공사부장이 어제 휴가 가며 저에게 인수인계를 해주더군요. 이제엔지니어인 양 해야 할 판입니다.

하루하루에 그가 생각하는 것이 곧 인생이라는 격언이 있듯이 항상몸과 마음을 조심하고 있습니다. 늘 건강하시고 생활에 승리하시길 기원 드립니다. 열사의 나라였습니다. 감사합니다.

영기 선배님: 그래. 잘 복귀했다니 잘했네. 1년을 버텼으니 2년인들 못 견디랴. 새로운 마음으로 잘 생활하길 바라네. 그제 치악산 산행을 칼바람추위 속에 눈꽃을 구경하며 잘 마쳤네. 15일엔 동아마라톤대회에 나가니 나도 몸을 잘 추슬러야겠어. 건상하게 잘 지내길 바래.

2015년 3월 13일 금요일

안녕하십니까? 춘삼월 봄날에 인사드립니다. 이곳은 꽃샘추위라는말이 없이 여전히 덥기만 합니다.

초심을 지키기가 쉽지가 않은 듯합니다. 작년 3월 처음 ○○지역에 부임했을 때와 1년이 지난 지금 무엇인가 나태해지진 않았나 반성해

봅니다.

개인적으로 따르던 전무님이 휴가 가셔서 병으로 복귀치 않으신다 하니 좀 상심이 됩니다. 또 최근 입찰에서 떨어 졌다하니 내외적으로 회사가 걱정도 됩니다.

변하고 변하는 것이 세상이라지만 그 가운데 변하지 않는 것을 찾으려는 것이 인간 심성인가요? 책을 읽고 궁리하는 연유가 이것인 것 같습니다.

산행하기 좋은 계절이 돌아 왔습니다. 마라톤과 등산으로 바쁘게 생활하신다니 건강하게 느껴집니다.

하루하루 반복되는 현장일 속에서 새로운 깨달음이 스칠 때 기쁩니다. 열사의 나라 생활은 마치 마음의 공부를 하는 것 같습니다.

더욱 건강하시고 하루하루 기쁨이 충만하시길 기원 드립니다. 감사합니다.

2015년 3월 20일 금요일

안녕하십니까? 한결같이 더운 열사의 나라에서 안부 드립니다.

한 주가 지나갔습니다. 건축공구장이 휴가 간 바람에 다소 괴로 웠던 한 주였습니다. 시공일보를 작성하고 공정 스케줄에 신경 쓰고……. 다행히 내일 건축공구장이 입국할 예정입니다.

휴가 후유증인지 피곤해서인지 요즘 맥이 빠지고 아침에 일어나기도 힘듭니다. 뭔가 변한 것 같은데 무언지 모르겠습니다.

한국에 가족과 통화하고 나니 한결 기분이 좋아졌습니다. 다소 힘들더라도 슬럼프가 지나가길 인내하고 기다려야겠습니다.

등산도 하고 마라톤도 하시며 봄을 만끽하시리라 생각합니다. 봄꽃과 햇살을 가르며 운동하시기 좋은 계절입니다.

즐거운 운동과 산행가운데 건강하시고 하시는 일들에 성공이 있으시길 기원 드립니다.

영기 선배님: 반갑네. 지난번 답변을 못해 미안하구먼. 동아마라톤 한다고 신경 쓰니 잊었네. W부장 장남결혼식이 잠실교통회관에서 있었는데 나는 참석을 못하고 마라톤을 했는데 결혼식 참석 후 몇 사람이 잠실사거리에서 뛰는 나를 응원해 주어 즐겁게 완주하였다네. 나태해지려는 육신을 규칙적인 운동으로 긴장을 불어넣어 주고 정신도 새로이 무장하여 오십 줄을 무사히 넘길 수 있도록 해야 하지 않을까 생각하네. 겨우내 뱃살이 좀 불어 호흡이 가빴는데 봄을 맞아 운동을 열심히 해야겠어. 그저께 정기모임이 있었는데 비도 오고 해서 평소보다 적게 나오데. 건강한 모습으로 많이들 나오면 좋겠더구만. 모든 일은 마음먹기 달린 것이니 스스로를 잘 다스려 원만한 생활을 하기 바라네. 파이팅!

2015년 3월 27일 금요일

안녕하십니까? 봄꽃이 피는 춘삼월입니다. 이곳은 점차 기온이 더 올라가고 있습니다. 덥습니다.

어제 현장 소장회의에 참석하고 사장님 덕분에 힐튼호텔에 가서 씨푸드 뷔페를 먹었습니다. 열대나무가 우거진 호텔 정원에서 이국적인 밤을 만끽했습니다.

국제정세가 사나워 검문검색이 강화되었더군요. 현장근로자 동원에 영향을 줄까 우려됩니다.

모임에 한번 나갔었는데 기라성 같은 분들을 뵙고 속으로 기뻐했던 기억이 납니다. 그 때 나누어준 기념타월 2장을 이곳에서 아주 잘 쓰고 있습니다.

거경궁리. 요새 제 머리 속에서 맴도는 말입니다. 이곳 무슬림들은 '거경'에 힘쓰는 사람들이라고나 할까요?

마라톤과 등산 그리고 즐거운 많은 운동을 통하여 더욱 건강을 다지시고 늘 건승하시길 빌겠습니다. 감사합니다.

영기 선배님: 춘래불사춘春來不似春이라 내 맘엔 아직 봄이 오지 않았음을 애통해 하노라. 모든 것은 맘먹기 달렸다 하지만 그런 맘먹기가 어디 좀 어려워야지. 죽을 때까지 그런 연습하다 가지 않을까 하이. 지금 이 순간 내가 살아있고 이 일을 하고 있다는 것이 내게 주어진 최대의 선이 아닐까? 보이는 것은 열심히 즐기고 마음이 행하는 대로 따르는 것이 순리가 아닐까? 이제 환갑이 되다 보니 아랫도리 신체변화도 심하여 비뇨기과에 갔더니 어쩔 수 없다하며 약 처방도 안 해주네. 용불용설 얘기나 하면서 말이지. 다행히 배뇨기관에 염증이나 혹 덩어리가 없다 하니 그것을 안도할 뿐이네. 갑상선혹들은 계속 관찰대상이고. 몸을 돔 가볍게 유지하게나. 복부비만은 특히 줄이고. 더워지는 날씨를 잘 적응하고 운동을 게을리 말게나. 건승 바래!

2015년 4월 3일 금요일

안녕하십니까? 금년도 벌써 1/4분기가 지나가고 너무 계절이 좋아 독신자들에게는 잔인하다고까지 하는 4월입니다.

저희 현장은 기초 위에 1층 기둥작업이 거의 끝나고 2층 슬래브를 얹기 위한 보작업이 초기 진행 중입니다. 이제 적응이 아니라 어떻게 하면 보다 효율적이고 효과적으로 현장관리를 할까하는 단계입니다. 현대에서 익히고 갈고 닦은 경험을 살리고 싶습니다.

최근 들어 모래바람이 불기 시작하여 낮인데도 시야가 가리고 위험해서 공사를 중단하곤 했습니다. 침을 뱉으면 황색 모래침이 나옵니다.

이곳에 올 때의 처음처럼 초심을 잃지 않으려 하고 있습니다. 이곳에서 5년 10년 근무하셨던 건설인 선배님들이 존경스럽습니다.

새로운 4월에 항상 건강하시고 늘 행복하시길 기원 드립니다. 감사합니다.

2015년 4월 4일 토요일

영기 선배님: 반갑네. 이곳도 이젠 4월로 접어들어 완연한 봄 날씨를 보이고 있네. 개인적으론 치통이 심하여 오늘 병원엘 가봐야 할 것 같네. 중동의 봄은 마치 중국의 황사 같은 흙먼지가 바람과 함께 늘 괴로움을 주던 기억이 생생하네. 매년 봄가을 안개 먼지바람과 싸워야 하는 통과의례에 고생을 하는구먼. 마스크에 둘러쓰고 다녀야겠네. 나름대로 건강관리를 잘해서 현재까지 무탈하게 잘하고 있지 않나 생각

하네. 1일에는 검단산 정기산행을 하고 늦게까지 놀다 왔네. 이도 아
픈데. 서울둘레길 157킬로 8개 코스를 중간 중간 완주해보기로 했다
네. DW도 같은 회사에서 열심히 잘하길 바라네. 가족이라는 끈이 있
어 어떤 힘든 것도 잘 견뎌낼 수 있고 그런 명분이 되는 것이겠지. 은
퇴한 사람으로선 자실들도 다 컸고 부부 위주로 생각하게 되니 큰 어
려움은 피하고 싶은 나약한 현실적인 생각으로 바뀐 거 같애. 열정이
자연스레 크게 줄어 버렸어. 비뇨기 계통을 크게 걱정했었는데 병원검
진 결과 이상은 없다하니 다행이긴 하나 노화로 인한 눈에 보이는 신
체변화는 어쩔 수 없이 감내해야 한다 해서 멘붕이 좀 오더만. 암튼 신
체관리에 최선을 다하기 바라네. 내일이 부활절이라더군 그래서 이번
주가 고난의 주라 해서 비슷하게 고행을 하기도 한다네. 종교를 떠나
자신의 정신도 수양을 게을리 하면 안 되겠지. 늘 건투를 비네.

2015년 4월 10일 금요일

안녕하십니까? 이곳은 점차 더워지고 있습니다. 방안에 에어컨 소
리가 덜덜 거립니다.

현장은 1층 슬래브 작업을 위해 한창 바쁩니다. 4층짜리 단독 건물
로서 구조는 블럭조철근콘크리트 건물입니다.

새로운 프로젝트 수주를 위해 회사가 초긴장 상태입니다. 2개 프로
젝트가 4월 말 종료예정입니다.

삼국인들을 부리자니 영어와 아랍어와 인도어를 섞어 쓰고 있습니
다. 귀 동냥으로 익힌 짧은 말이지만 그네들이 좋아하더군요.

매달 몇 개월 근무했나 카운트 하는 재미도 시들해지고 현장 인근 서점에서 산 책 읽는 재미를 찾았습니다.

여기는 하루하루 생활하는데 에너지가 많이 소비되는 것 같습니다. 정신을 바짝 차리고 똑똑하게 굴어야 합니다.

서울은 완연한 봄기운에 갖가지 꽃들이 피었으리라 그려봅니다. 운동하시기 좋은 날씨지만 무리는 하지마시고 늘 건강하시길 기원 드립니다. 감사합니다.

영기 선배님: 여기도 점점 날씨가 따뜻해져가네. 더워지지만 잘 견디고 체력증진에 힘써야 하네. 조직생활에서는 같이 느끼고 호흡하는 것이 무엇보다 중요할 것이네. 언어소통도 참 좋은 방법일거야. 책을 읽고 그 지역의 문화체험도 의미 있는 일이고. 오늘저녁 그 옛날 군대 동지들 몇 명 모임을 가졌는데 참 반갑더군. 사십 년 가까이 흘렀으니 정말 감회가 깊지. 강원도 최전방전투부대 중대원들이니. 이런 모임에 나가니 살아 있음을 느낄 수가 있었네. 항상 좋은 인간관계를 유지하기 바라네. 파이팅!

회원님: 항상 감사드리고 있습니다. 파이팅!

2015년 4월 17일 금요일

안녕하십니까? 서울에는 벚꽃이 활짝 피고 꽃들이 만발하고 있다고 하는데 건강히 계시는지요?

이곳 현장은 1층 공구리를 처음 타설하여 본격적인 공사가 진행 중입니다.

회사에서 들어간 입찰에서 번번이 떨어져 분위기가 좋지가 않습니다.

한국에 계신 어머니를 비롯하여 형제자매가 요즘 들어 생각이 많이 나네요. 아마 여기가 쉽지 않아서일까요?

열사의 나라에서 일하는 것을 자랑으로 여기고 있는데 왠지 뒤처진다는 느낌이 있습니다. 매너리즘이 아닐까 생각합니다.

요즘 같으면 등산을 하고 막걸리 한 사발 들이켜고 싶습니다. 계곡에서 물소리 들으며 세상 돌아가는 이야기도 하고요.

봄의 따뜻한 날씨에 대지가 새 기운을 발하듯이 더욱 건강하시고 기운찬 하루하루가 되길 기원 드립니다. 감사합니다.

2015년 4월 18일 토요일

영기 선배님: 반갑네. 이젠 벚꽃도 시들해지고 봄비가 내려 연두색 잎들이 많이 나오고 있네. 그 현장은 잘되고 있는 것 같은데 회사 수주가 부진하다니 좀 그렇네. 잘되길 바래야지. 살다보면 마음이 약해질 때가 가끔 있는 법이지. 가정을 생각해서 굳게 맘먹고 고생을 낙으로 삼아야지. 이젠 국내에서는 돈 벌기 힘들어. 특별한 기술이 없는 한. 해외경험 쌓으면 해외 쪽 일은 좀 있을 거야. 나중에 생각하고. 돈만 많으면 놀아도 되지만 아니면 죽어라고 일해야지 뭐. 아직은 열심히 일할 때야. 힘들 때는 쉬고도 싶겠지만 쉬었다 가면 더 힘들고 금방 또 쉬고 싶어진다구. 내가 마라톤 할 때 꼭 그래. 후반에 쉬다가니 대회 때마다 그래. 몸이 그렇게 적응하는 거야. 스스로의 자극을 위해 다음달 10일에 풀코스 신청했어. 소아암돕기마라톤대회야. 여의도에서.

담배는 끊었나? 국내 오면 비싸니 이참에 확 끊고 와. 안 끊으면 오지도 마. 각오를 하고 실천해. 격려가 아니고 윽박지르니 좀 미안하네. 국내 세상이 요즘 난리도 아녀. 영어공부도 열심히 해서 글로벌화에 단단히 대비해. 참고 잘 하라고만 해서 미안하네. 뭐든지 절약할 거 있으면 해야 돼. 건강 잘 지키며 열심히 잘 해보자구. 파이팅!

진심어린 말씀! 감사드려요. 파이팅!

2015년 4월 24일 금요일

안녕하십니까? 날씨가 너무 좋아 잔인하다고까지 표현하는 사월에 건강하신지요?

이곳 현장은 변함없이 공사가 진행 중이고 어제 소장관리부장회의를 본사에서 마치고 힐튼호텔에서 뷔페 식사를 하였습니다.

사장님은 회사를 크게 키우기보다 규모에 맞게 운영하려는 것 같습니다.

이번 달부터 급여를 조정하여 준다니 기대가 됩니다.

일체유심조라는 말은 마음을 경계하고 또 경계하라는 말로도 이해가 됩니다. 지난 주 힘든 고비가 다시 정상 사태로 회복된 듯합니다.

일본인들이 좋아하는 ZEN은 가사생활의 한 동작 한 동작에 숨어 있다고 합니다. 부디 집안일 속에서 숨겨진 비밀을 발견하시길 빕니다.

평상심이라는 단어를 H사에 다닐 때 누군가의 책상에서 발견했을 때 내심 기뻐했던 적이 있었습니다. 그분이 누구였는지는 말씀드리지 않겠습니다. 좋은 계절에 더욱 건강하시고 늘 행복한 웃음을 잃지 않으시길 기원 드립니다. 감사합니다.

2015년 4월 25일 토요일

영기 선배님: 반가우이! 이젠 하루가 다르게 푸르름이 늘어가니 세월 참 빠름을 느끼며 나이 들어감이 한편으론 두렵기도 하구먼. 현재의 어려움은 시간이 지나면 다 해결되고 한편으론 추억이 되기도 하겠지. 요즘 들은 말 중에 이 또한 지나가리라하는 말이 가장 인상에 남는구먼. 진리 같은 말인 거 같으이. 회사운영을 건실하게 하면 참 좋지. 막 떠벌리지 말고 내실 다지는 회사가 좋아. 자기마음을 잘 다스리며 생활하는 것이 중요한데 스스로 훈련을 해야지 뭐. 평상심이란 말이 참 좋지만 뜻대로만 되지 않으니 가급적 그리 되도록 해야지. 시간이 갈수록 가진 것이 점점 없어지면서 마음도 거기에 따라서 자연 관조상태로 접어들어 가게 되지 않을까. 최근 운동부족이라 강변에 나가보려니 그것도 자꾸 미뤄지네 게을러지는 거지. 다른 일 핑계로. 하루운동량을 정해 놓고 매일매일 해야 해. 오늘은 강변에 꼭 나가봐야겠어. 담달 10일에 마라톤대회잖아. 암튼 월급도 오른다니 축하하고 또 즐거이 생활하자구.

2015년 5월 1일 금요일

안녕하십니까? 벌써 계절의 여왕이라는 오월에 접어들었습니다. 여기는 35도를 웃도는 더운 날씨입니다.

현장 1층 슬래브를 어저께부터 깔기 시작하였습니다. 이제 기성을 좀 올려야겠습니다.

저희 현장에 네팔근로자가 35명이 있는데 사장님 배려로 지진 피해 현황을 파악하여 그들에게 한 달치 월급만큼 더 주어 위로도 하였습니다.

우리나라의 정치 경제소식이 좋지만은 않은 것 같습니다. 그래도 열사의 나라에서 꼬리라고 하면 알아주고 있습니다.

목감기가 있는데 에어컨 덕분인 것 같습니다. 자기관리에 소홀치 않도록 경보가 울렸군요.

마라톤도 그렇고 프로젝트도 그렇고 끝이 있는데 저는 지금 몇 킬로 지점에 있는 걸까요? 늘 건강 잘 챙기시고 금번 마라톤에서도 성과가 있으시길 빕니다.

그런데 상무님께서는 잘 지내시는 지요? 가끔 장단을 맞춰 주시면서 홍을 돋워 주셨으면 합니다.

감사합니다. 열사의 나라 ○○지역이었습니다.

영기 선배님: 방가방가! 오늘이 노동절이라 대부분 휴일이어서 시내가 한산하네. 5월초는 항상 휴일이 많아 직장인들이 좋아하는 달이지. 이곳도 기온이 28.9도를 기록해 초여름날씨가 며칠 계속되는데 갈수록 계절이 변화하는 거 같구만. 에어컨을 정말 조심해야해. 잘 때는 끄고 자는 게 좋아. 습도유지도 중요하고. 날씨도 뜨거운데 콘트리트 타설을 하려면 고생이 많겠네. 목감기는 건조한 실내공기 탓 일거야. 물수건이나 가습기를 쓰도록 하면 좋겠지. 각자 삶의 목표와 계획이

있겠지만 얼마만큼 잘 이루어 가느냐가 관건이겠지. 나는 마라톤을 가끔 하는 이유는 스스로에게 긴장감을 주고 완주라는 목표를 달성함으로써 몸과 마음을 다잡는 계기로 활용하곤 한다네. 항상 자신을 돌아보며 채찍질을 가해야해. 네팔 지진을 보니 정말 자연의 무서움을 실체적으로 알 수 있겠더군. 몸 간수 잘하며 건강하게 지내갈 바래.

2015년 5월 8일 금요일

건강하신지요? 어버이 날이지만 선배님들께 감사드립니다.

회사가 커지고 있습니다. 큰 공사를 수주하였습니다. 계약이 끝나면 대규모 동원이 있을 것 같습니다.

지난주는 소장님 불호령에 감기까지 겹쳐 힘든 주였습니다. 점차 회복되고 있습니다.

요즈음은 한국에 돌아가 살고 싶습니다. 또 도지기 시작하는군요.

점차 기온이 올라가고 있습니다. 서울도 마찬가지이겠지요. 항상 건강에 유의하시고 늘 건승하시길 빌겠습니다. 감사합니다.

2015년 5월 10일 일요일

영기 선배님: 회사가 큰 수주를 해서 좋네. 감기도 나아졌다니 다행이고. 이제 이곳은 완전 초여름이구먼. 아침저녁으론 조금 서늘하지만. 이번 주에는 어버이날이 있어서 다들 효도한다고 나름 찾아뵙거나

통화라도 했을 거야. 미래의 내 모습을 거기에 대지해 보면 씁쓸하기도 하고 잘해드려야겠다는 다짐을 하지만 실천이 문제지. 나이 들어가면 눈물도 많아지고 맘이 약해지는 거 같애. 사 개월에 한 번 오니 일하다 보면 금방이야. 잘 참고 목적을 이뤄야지. 앞날을 냉철히 직시하여 맘가짐을 다잡아야지. 두려움이 있다면 직시하리라고 어느 영화대목이 있다는구면. 또 모든 일은 이 또한 지나가리라 하는 어느 사람의 말도 있는데 참 그럴듯한 말인 거 같으니 인터넷에서 함 찾아봐. 나는 지금 새벽에 일어나 여의도로 소아암 환우돕기마라톤에 전철타고 가는 중이야. 42키로가 두려운데 또 도전해봐야지. 암튼 더위조심하고 건강하게 있다 휴가 때 보자구. 파이팅!

2015년 5월 15일 금요일

안녕하십니까? 스승의 날 열사의 나라에서 인사드립니다.

5월 중순인데 너무 더운 날씨입니다. 어제 처음 현장에 온 인디안 근로자는 일하다 열 쇼크로 쓰러졌습니다.

대형 수주 이후로 회사가 후 폭풍을 겪고 있습니다. 호사다마라고 할까요?

회사 평이 한국에 어떻게 알려졌는지 모르지만 신규로 부임 온 부장은 포기하고 싶다고 연거푸 말하는 군요.

스승의 날을 맞이하여 제 주례를 보셨던 학교 교수님께 연락드렸더니 사모님이 받으시더군요. 건강이 안 좋으신 것 같아요. 마음이 아픕니다.

환우돕기마라톤에 완주하셨는지요? 대단하십니다. 건강하다는 자체가 누군가에게는 도움의 손길이 되는군요.

상무님께서는 건강하신지요? 가끔 추임새를 넣어 주셨으면 좋겠습니다.

6월 7월 우리나라는 조금 더 더워지지만 여기는 라마단이니 하지니 하며 본격적인 더위입니다. 사계절을 원형리정으로 해석하듯이 새롭고 새로운 하루하루가 되시고 늘 건강하시길 기원 드립니다. 감사합니다.

2015년 5월 16일 토요일

영기 선배님: 여기도 낮엔 참 덥구나 하고 느끼네. 기대와 현실이 항시 같으면 좋지만 현실은 거의 기대보다 못하다고 봐야지. 어떤 일을 접할 때는 그런 면도 생각해 보고 마음의 결정을 해야겠지. 스승님께 안부는 정말 잘했네. 지난 일요일 마라톤은 역시 연습부족이라 후반부에 덥기도 하고 힘들게 완주했네. 무슬림행사가 많으니 잘 대처해서 무난히 혹서기를 넘기기 바래.

2015년 5월 22일 금요일

안녕하십니까? 벌써 한 주가 가고 이곳은 휴일입니다.
날씨가 더욱 더 더워지고 있습니다. 서울도 더워지고 있다지요?
사장님께서 서울 출장가시고 사무실은 조용합니다. 다시 나타나시면 한번 흔드실 겁니다.

현장은 2층 기둥작업이 진행 중으로 골조공사가 한창입니다.

마라톤을 완주하셨다니 축하드립니다. 끝까지 최선을 다하셨군요.

이국땅에서 문뜩 드는 이방인의 느낌은 양면성이 있습니다. 현실을 더 직시하고 자기관리에 더 충실해야겠습니다.

오월도 중순을 넘기고 시간은 여지없이 지나가는군요. 어디에서 무슨 일을 하던지 자신에게 충실코자 합니다.

건강에 항상 유념하시고 늘 승리하는 하루하루가 되길 빕니다. 감사합니다.

2015년 5월 23일 토요일

영기 선배님: 벌써 여름이 다가 왔구나하는 이른 계절감을 느끼는 요즘이라네. 덥다고 계획이나 목표를 변경할 수는 없는 노릇이지. 사장이 출타중이면 좀 마음의 여유는 있겠지만 그만큼 책임감도 커지겠지. 건물이 완성되어 가는 공정을 보면 뿌듯한 마음이 들 거야. 나도 현장을 돌면서 하루하루변하는 현장모습을 보고 꼭 내가 한 것처럼 보람을 느끼겠더라구. 다양한 나라의 근로자들이 작품을 만들고 있으니 다 되면 멋있을 거야. 객지에서의 생존전략들을 엿보며 자신의 것과 비교취사선택해 볼 수 있겠네. 전 세계를 통틀어보면 자신도 중상 이상의 위치를 점하고 있지 않나하는 생각이 들 거야. 충실한 생활을 일상화해야지. 6월 하순에 또 마라톤대회를 나가 볼가 하네. 나도 충실해야지. 건강을 지키며 파이팅 하게나!

2015년 5월 29일 금요일

안녕하십니까? 이곳은 날씨가 날로 더 더워져가고 있습니다. 날씨가 더워져가니 모기가 줄어들어 그나마 다행입니다.

현장은 2층 기둥을 세우느라 바쁘고 열 쇼크 먹는 근로자들이 없도록 물과 얼음을 공급하고 있습니다.

어제 사장님께서 귀국하셔서 다시 활기를 되찾고 있습니다. 새로운 한국인 차장도 입국했구요.

한국에 메르스 감염이 기사화되고 있군요. 여기 열사의 나라는 벌써 캠페인이 한차례 지나갔습니다. 현장마다 예방 포스터를 붙인지 1년 가까이 되고 아직도 현장게시판에 붙어 있습니다.

돌이나 바위모양 닫힌 존재가 아닌 이상 삶은 진행형이고 이곳에서 의미와 보람을 찾아야겠다는 생각이 듭니다. 마라톤이나 프로젝트는 언젠가는 끝나지만 인간의 그 무엇은 자손을 통해 계속 연결되어 가는 것 같습니다.

여름 초입에 더위 조심하시고 생활의 탄력을 잃지 않으시길 기원드립니다. 감사합니다.

2015년 6월 6일 토요일

안녕하십니까? 6월 들어 첫째 주 휴일에 인사드립니다.

어제 현장 공구리를 밤 10시까지 타설하고 금일 실컷 휴일을 만끽하고 있습니다.

사장님 복귀 이후 다시 활기차게 회사가 돌아가고 있습니다.

이곳 열사의 나라는 이제 일상화가 된 MERS가 최근 우리나라에서 아주 핫 이슈가 되었군요. 현장 벽보에 붙여져 있던 캠페인 벽보를 첨부와 같이 송부해 봅니다.

세상살이 운운하는 저의 짧은 식견에 식상하시지는 않으신가 우려가 됩니다. 열사의 나라 생활을 하다 보니 갖가지 생각이 어른거려 그런 것 같습니다.

라마단이 시작되는 달이어서 그런지 점점 더워지고 있습니다. 서울에서도 건강관리에 더욱 신경 쓰시고 생활에 건승함이 있으시길 기원드립니다. 감사합니다.

영기 선배님: 반갑네. 어느덧 6월이 시작되어 첫 주말이 되었네. 오늘은 J 선배님 혼사가 있고 일주일 뒤엔 혼사가 겹치기로 있어 갈 데가 많구면. 길일인가 봐. 지난 수요일엔 정기 등산모임을 서울둘레길2코스 아차 용마망우산을 돌았네. 날씨가 30도까지 오르니 낮엔 뜨거워.

온 나라가 메르스로 난리법석이라 기침만 해도 호들갑 떨고 각종 모임도 줄줄이 연기 취소되고 있는 현실이야. 고교동기동창회, H사건 우회탐방모임 등도 취소되더라구. K모임도 18일인데 모르겠네. 과잉반응이 많은 거 같기도 한데 혹시 모른다는 생각에 그런 거지. 다들 조심하는 분위기니 조만간 수그러들었지. 결혼식장에도 가야하나하고 걱정들하고 그래. 부주만 하고 말아야지 하는 사람도 있네. 지금 시청하고 있는 증권방송에서도 지방강연회를 2주간 취소한다네. 광장동중국인관광밥집도 썰렁하더군. 가족들도 조심시켜. 나는 놀다보니 일에 대한 생각이 없어졌으나 자넨 일이 곧 생존이니 열심히 잘해야지 뭐.

할 때까진 열심히 하고 환경에 따라야지. 여기저기 다니다 답변도 빼먹기도 하네. 더위에 잘 대처하고 또 봐!

2015년 6월 13일 토요일

안녕하십니까? 6월 둘째 주 휴일입니다. 금년도 2/4분기가 20일밖에 안 남았습니다.

사장님께서 엊그제 또 한국으로 들어 가셨습니다. 메르스도 한국출장을 막지는 못하는 군요.

저는 지난 주 ○○지역에서 약 300km 북쪽에 떨어져 있는 ○○지역라는 공업도시에 있는 주택단지 현장으로 발령이 났습니다. 오는 화요일 전출 예정입니다.

현장을 옮길 때 느끼는 것이지만 기대와 아쉬움 같은 여운이 교차합니다. ○○지역현장은 틀이 잡혔으니 ○○지역으로 가라고 전무님이 그러시네요.

우리나라가 위기를 잘 극복하고 메르스를 이겨내리라 믿습니다. 그 정체를 잘 파악했기에 슬기를 발휘하지 않을까요?

6월에는 각종 행사가 많고 모임도 많으신데 조심하시고 위생에 특별히 신경 쓰셔야겠네요. 여름 더위, 강한 자외선에 바이러스가 박멸되길 바라는 괜한 한마디 해봅니다.

늘 건강하시고 매일매일 승리하시길 기원 드립니다. 감사합니다.

2015년 6월 19일 금요일

안녕하세요? 열사의 나라입니다.

드디어 라마단이 시작되었고 기온은 40도가 보통입니다. 아주 덥습니다.

사장님께서 한국 출장 중이십니다. 내일 입국 할 예정이십니다.

○○지역 현장으로 이동하였고 현재 Y 현장에서 근무하고 있습니다. 여기는 전 현장보다 두 배는 큽니다.

오늘은 휴일이고 현재 아침 7시입니다. 현장 직원들과 바다에 스노쿨링 하러 갑니다.

새로운 환경과 직원들을 만나 새로운 직장 생활을 하는 기분입니다.

등산과 마라톤으로 건강을 가꾸시며 자연과 함께 벗하시고 계시리라 생각합니다. 더운 계절에 항상 몸 건강하시고 늘 평안하시길 기원드립니다. 감사합니다.

2015년 6월 25일 목요일

안녕하십니까? 이곳은 라마단 기간으로 기온은 40여 도를 웃도는 더운 날씨입니다. ○○지역현장으로 이동한 지도 일주일이 넘었고 잘 적응하고 있습니다. 이곳 현장은 골조공사가 한창진행 되고 있습니다. 사장님께서 열사의 나라에 복귀하셔서 다시 활기를 띠고 있습니다. 우리나라는 아직도 메르스의 감염이 진행되고 있는 것 같습니다. 건강에 조심하시고 예방적 수칙을 잘 지키시리라 믿습니다. 저는 이곳에서 하루하루를 금쪽같이 생각하며 지내고 있습니다. 배우는 것도 많고 생활환경이 바뀌니 활기차기도 합니다. 아무쪼록 늘 평안하시고 생활에서 보람과 승리를 차지하시길 기원 드립니다. 감사합니다.

영기 선배님: 반갑네. 옮긴 현장에서 잘 적응하고 있다니 다행이군. 오늘부터 이곳은 장맛비가 내리고 있네. 워낙 가뭄인지라 비라도 좀 시원하게 와줬으면 하지. 메르스로 경제소비가 위축돼 다들 힘들어 하고 각종 모임도 줄줄이 연기 취소되고 있고 심지어 결혼식도 미루더구만. 6월 모임도 취소됐고 7월초 등산모임도 취소되었네. 그곳도 엄청 더울 텐데. 건강 유의해야 해. 나도 더워서 달리기도 요즘은 등한시한다네. 잘 지내세.

2015년 7월 4일 토요일

안녕하십니까? 이곳은 라마단 기간이고 기온은 아주 높습니다. 특히 제가 근무하고 있는 현장은 바닷가로서 바람도 많이 불고 있습니다.

제가 ○○지역현장으로 온 지도 벌써 20일 되었습니다. 한국인 현장직원도 이곳에는 많아서 같이 함께 일하고 있습니다. 지금은 골조공사가 진행 중이고 공정률은 15% 정도입니다.

어제는 인터넷 장비를 숙소로 갖고 오지 않아 카톡을 못하였습니다. 이제 출근하여 메시지를 보내 드립니다.

서울도 이제 한여름이 되어 더운 것으로 뉴스가 나오고 있습니다. 무더위에 지치지 않으시도록 건강에 유의하여야겠지요.

메르스로 우리나라가 한산하다는 휴가복귀자의 말을 들었습니다. 곧 극복하고 정상화되기를 빌어 봅니다.

이제 저도 열사의 나라에 온 지 햇수로 3년이 되었고 만으로는 2년이 되어 갑니다. 무언가 변화가 있기를 바라는 마음이지만 현재에 충실하고 있습니다.

하절기 각종 질병에 조심하시고 예방이 첫째라 생각이 듭니다. 항상 건강하시길 빕니다. 감사합니다.

영기 선배님: 어, 그러네. Y님이 폰 번호 바꾸고 카톡을 아직 안 깔았나 보네. 지금 고교동창당구모임에 가는 중이여. 퇴직 후엔 대학보다 고교동창과 더 잘 어울려 놀아. 퇴직동료들하고도 엄청 놀고. 골프 당구 스크린골프 등으로 취미생활하고 등산도 가끔 하고 주말엔 달리기도 하고. 별도 아침에 덥지만 15킬로나 20킬로 천천히 연습해볼까 해. 라마단에 더위에 일에 자칫 지칠 수도 있으니 긴장을 풀지 말고 생활해야겠지. 메르스가 아직도 진행 중이라 경제도 어렵게 흘러 나가고 있나보네. 암튼 더위에 정신건강도 유의하며 나태함을 이겨내야 해. 또 봐! 파이팅!

2015년 7월 10일 금요일

안녕하십니까? 한국도 여름이라고 하는데 건강히 잘 지내시는지요? 이곳 열사의 나라는 더위가 40도 정도로 절정입니다.

○○지역에서 ○○지역으로 전출된 지도 벌써 한 달 가까이 됩니다. 한개 현장에서 세 개 현장을 맡게 되니 책임이 커집니다. 이 기회

에 능력을 발휘해야겠습니다.

이곳 회사에서 근무한지 만 1년 4개월이 되었습니다. 지난 휴가 때 W상무님께서 회사에 도움이 되는 사람이 되라는 말씀을 아껴두고 새기곤 합니다. 집에서 쉬는 것보다 일하는 것이 낫 다라는 소극적인 마인드가 아니라 진정 무엇을 해야 하는가라는 궁극적인 태도로 임하고자 합니다.

더운 여름에 시원한 장맛비와 함께 여유롭게 계절을 즐기시고 더욱 건강하시길 기원 드립니다. 감사합니다.

2015년 7월 18일 토요일

안녕하십니까? 열사의 나라입니다. 라마단이 어제로 끝나고 오늘부터 휴일에 들어갔습니다. 저희 회사도 오늘부터 3일간 휴무에 들어갑니다. 앞으로 9월까지는 높은 기온으로 더 더워진다고 하네요. 새벽 6기까지 출근하여 점심 12시부터 오후 3시까지 식사 및 오침을 하고 저녁 후 취침에 들어가면 하루가 마감됩니다. 다음날 4시 반에 일어나지요. 하루하루가 이렇게 짜임새 있게 돌아가면서도 저의 내면은 매일 무지갯빛 변하듯 갖가지 마음이 일어나지요. 현장일, 가족일, 개인적인 일 등. 국내 현장에서는 근처 산을 오르내리는 맛(?)으로 지내곤 하였지요. 저녁에는 소주 한잔하고. 술은 가끔 마시고 친구들은 카톡으로만 연락을 가끔 합니다. 우리나라도 날씨가 덥다고 하는데 건강들 하신지요? 산행과 마라톤 등을 하시면서 건강관리를 하시리라 생각이 듭니다. 퇴직 후의 생활이라는 것이 저는 아직 생각이 안 듭니다.

다만, H사에서 명예퇴직을 하고 약 11개월간 놀며 지낸 것이 은퇴생활이라고 생각을 안 합니다. 그 때는 일을 잡기 위한 과정이었을 뿐이니까요. 너무 말이 길어 졌습니다. 상무님, 부장님(호칭도 바꾸어야겠는데……) 더욱 건승하시길 빕니다. 감사합니다.

영기 선배님: 반갑네! 이번 주는 나도 바쁘게 돌아다녀서 답도 못하고 지나갔네. 한참 덥다가 태풍이 와서 잠시 더위가 주춤거리는데 여름인지라 덥기는 마찬가지지.

열사의 나라보다야 아니지만. 라마단 후 휴식기간이 있어 꿀맛 같은 휴일이겠구만. 혹서기 오침시간이 세 시간이니 나름 활용하면 좋겠네. 은퇴하고 나니 직장생활이 잘 생각이 안 나네. 이젠 월급쟁이는 못할 거 같기도 해 부르는데도 없지만 열정이 그만큼 없어진 거 같아. 자유로운 생활에 익숙해져 가니 점점 더 그러하지. 나름의 생활법칙을 만들어 가며 후회 없이 살아보려 노력한다네. 아직 열심히 뛰어야 하는 사람은 딴 생각하면 안 되고 현재에 충실해야지. 어쩌면 어정쩡한 나이대일지도 모르지. 그만큼 머리가 커지고 나이도 그러니 잘 컨트롤 해야지. 나름의 생활에서 몇 가지 목표를 정하고 재미를 느끼며 생활하면 좋겠지. 인생에서 은퇴란 사실 없는 거지 죽음이 곧 은퇴일거야. 생활패턴만 바뀌는 거지. 주부들의 마음도 이해할거 같기도 하고. 그러니 역지사지야. 퇴직했으면 영기 선배님님이나 사장 아님 회장으로 부르는 게 더 나아. 직위는 좀 남사스럽지 L사장도 내게 김사장이라고 부르시더만. 앞으론 회장으로 부르던지. 오늘은 토요일인데 오후에 고교동창 당구모임이 있어 당구 한 판 후 간단하게 식사 하고 와야 하네. 최근에 참여한 거야. 내일은 아침 일찍 달리기연습 좀 해야지. 현재의 생활에 충실하고 좋은 미래를 꿈꾸며 살자구. 이제 메르스도 잡힌 거 같으니 휴가 들어와 국내에서 즐기기 바래. 건강 조심하고 파이팅!

2015년 7월 31일 금요일

안녕하세요. 서울과 분당도 덥겠지요? 이곳은 낮에는 40여 도이지만 건조해서 그나마 견딜 만하지요.

회장님과 지하철역에서 악수하고 헤어진 지 오랜 시간이 흐른 것 같지만 마음만은 여전합니다.

세 개 현장을 겸직하자니 힘들고 많은 일들이 있습니다. 사람들이 가장 힘들게도 하지만 보람도 가장 많이 줍니다.

이곳 ○○지역은 해안가에 세워진 공업도시로 기름 매장량이 많은 곳 중에 하나입니다. 발전소가 크게 가동 중이고 활발한 생기가 도는 젊은 신도시라고 할까요?

요즈음은 열사의 나라는 구속하는 곳이 아니라 자유로움을 주는 곳으로 바뀌어 갑니다. 초등학생에서 중학생으로 되듯이 의식이 성장하는 것 같습니다.

내년에 국민연금을 받는다는 소장님도 계시고 이미 받고 계시다는 분도 계십니다. 쉬고 싶다고 하시면서도 일에서는 조금도 양보 없이 처리하시더군요.

더운 여름은 젊음의 계절이라는 노래가사가 있듯이 항상 건강하시고 청춘을 누리시는 하루하루가 되길 빌겠습니다. 감사합니다.

2015년 8월 6일 목요일

　영기 선배님: 반갑네. 나도 동네 계모임 휴가를 다녀왔고 어제는 국
공산행을 폭염 속에 7명이 이매역출발 분당 영장산에서 불곡산과 연
결되는 태재고개까지 10킬로를 완주했는데 쉬는 시간이 다른 때보다
배는 걸리더구먼. 일을 많이 맡아서 한다니 바쁘겠지만 보람도 있겠
네. 더위와 싸우며 열심히 잘하고 있으니 존경스럽네. 할 수 있을 때까
지는 잘해야지. 본인은 힘들어도 미래를 위해 이겨내야지. 편함을 추
구하면 아무것도 안 돼. 거기 있는 사람들도 다 마찬가지겠지 암튼 인
내는 쓰지만 열매는 달다 하니 파이팅하자구!

2015년 8월 7일 금요일

　안녕하십니까? 열사의 나라 ○○지역은 요즘 모래바람이 불어 저녁
마다 고생입니다. 서울은 소나기와 함께 태풍이 온다지요. 현장은 현
재 골조 공사가 한창진행 중이고 일부 Mock-Up 세대를 구성하고 있
습니다. 그저께 한국인 공무, 공사 차장 둘이서 새로 부임을 하여 활기
를 띠고 있습니다. 그들을 잘 가이드 하여 적응을 잘 하도록 도와주어
야겠습니다. 이곳에 온 지 만 1년 5개월이 지났습니다. 열사의 나라 근
무기간은 총 1년 10개월이 되었고 다른 지역 근무기간까지 치면 2년
가까이 돼갑니다. 해외생활로 국내에서의 친구 간 친족 간 관계가 소
원해질까 염려가 되는군요. 요즘 운동과 함께 건강을 잘 챙기고 계신
지요? 무엇보다 건강, 건강이지요. 저는 다음 달 휴가 예정으로 계획을

짜고 있습니다. 곧 뵙고 막걸리 한 사발을 하고 싶군요. 같은 강물에 두 번 발을 담글 수 없다는 말이 있듯이 시간이 가면 그만인 것 같습니다. 더위에 항상 몸 건강하시고 생활에서 늘 승리하는 하루 하루되시길 기원 드립니다. 감사합니다.

2015년 8월 9일 일요일

영기 선배님: 고생이 많구먼. 열사의 나라에서. 여기도 열대야로 마지막 무더위를 보내고 있지. 다음 주에는 열대야가 한풀 꺾일 거라네. 벌써 만2년이 되어 간다니 세월이 무상하구만. 나이도 있고 기간도 오래되어 그곳에선 맏형님 같겠네. 같은 식구들이니 잘들 가족같이 재밌게 보내게나. 어차피 해외생활하면 국내와는 단절이니 휴가 때나 모임들을 가질 수밖에 없고 카톡으로라도 대화의 장을 마련하고 있지 않나? 메르스는 잊혔고 휴가철교통으로 몸살을 앓고 있나봐 그것도 담주면 끝나겠지. 하도 더워서 산행과 달리기도 자주 안하니 좀 게을러졌는데 선선해지면 열심히 해봐야지. 담주는 또 연휴가 삼일이니 막바지 휴가가 되겠지만 백수야 뭐 맨날 휴가라 감흥이 별로지. 세월은 다시 오지 않으니 오늘을 열심히 잘 살아야해. 건강 잘 챙기고 또 보세.

2015년 8월 14일 금요일

안녕하세요? 이곳은 더위가 한창이라서 40도 이상 올라가고 에어컨

없이는 버티기 힘듭니다.

○○지역 현장 이곳은 골조공사가 한창 진행 중인데 삼국인들이 힘들어서 도망가는 경우가 많아요.

입추 말복이 지나가고 내일은 광복절이군요. 중동생활도 꽉 찬 2년이 되었습니다.

다음 달 휴가예정인데 다음 달 말이나 10월 초에 가능할 것 같습니다. 분당에서의 모임이 기대 됩니다.

광복절을 맞이하여 저희 삶에서도 새로운 회복이 있기를 기대하고 하루하루 늘 건강하시고 승리하시길 기원 드립니다. 감사합니다.

2015년 8월 15일 토요일

영기 선배님: 2년 됨을 축하해! 그만큼 내공이 쌓였을 거야. 남들은 20년도 한 사람이 꽤 되지. 좋은 약이 될 걸로 믿어. 한창 막바지 더위가 기승을 부리네. 그곳은 훨 뜨겁지만. 담주만 지나면 좀 낫겠지. 어제 강변에서 조깅을 해보니 땀이 하도나 탈진할 거 같더만. 습도도 높아 숨이 턱턱 막혀. 그래도 운동을 해야겠다 싶어 하는 거지 오늘은 산책이나 해볼까 해. 요즘은 당구모임을 자주 갖는데 나름 재미가 있네. 직장 고교동창들 하고 번갈아 가며 모임을 가지니 싸고 좋아. 약한 200수준쯤 되지. 비슷한 사람이 많아 좋아. 아주 고수는 별로 없어. 거기서도 연마해봐. 휴가는 추석 뒤에 오겠구만. 고땐 날씨는 좋겠다.

2015년 8월 22일 토요일

안녕하세요? 더운 계절에 건강들 하신지요. 이곳은 오늘 한낮 더위가 45도까지 올라갔습니다.

현장은 골조공사가 한창 진행 중이고 Mock-up 세대를 하고 있습니다.

사장님께서는 우리나라에 출장 중이시고 휴가 간 직원들도 있습니다.

저는 10월 초에 휴가가 예정이고 약 2주 정도입니다.

한번 음이 되었다가 양이 되는 것이 세상의 이치라는데 변화와 무상함이 교차하는 것 같습니다. 이곳에서 지내 보셨지만 많은 관념들이 명멸합니다.

더운 날씨에 더 더운 분위기에도 늘 건강함과 생명력을 더하시고 하루하루 늘 건승하시길 빕니다. 감사합니다.

영기 선배님: 그라. 시월에 보자구. 추석 쉬고. 지금 이북하고 난리인데 여섯 시에 남북고위급회담한다네. 잘될지. 주식시장이 완전 개박살 나던 터에 기름을 쳐 붓더구만, 북한사태가. 삶의 지혜가 무엇일는지는 각자 터득한 방법으로 살아야하겠지. 환경에 순응하고 현실을 받아들이며 오늘을 최선을 다해 충실하게 사는 게 나름대로의 선이 아닐는지? 정말 존재감이 미미한 인간인데 심각한 생각으로 살 필요가 없을 거야. 그동안은 건강하게 살다가 가는 게 좋겠지. 관념이고 뭐고 그냥 있는 그대로 살아가고 싶네. 단순하게. 파이팅하자구!

2015년 8월 29일 토요일

안녕하십니까? 건강히 계신지요? 이곳은 아직도 더운 날씨이지만 아침저녁으로 더위가 수그러들곤 합니다.

현장은 자금이 부족해져 조금 힘듭니다. 곧 해결이 될 것으로 생각합니다.

10월 휴가를 기다리고 있습니다. 회사가 어렵지만 쉴 때는 쉬어야겠습니다.

어려운 시기가 지나면 다시 평상으로 돌아가고 그 가운데 행복을 찾는 것이 아닌가 합니다. 바로 옆에 소중한 것이 있는 듯합니다.

8월이 가면 9월이 오고 가을과 함께 하는 계절이지요. 늘 생활에서 건강함을 유지하시며 즐거운 나날이 되길 기원 드립니다. 감사합니다.

영기 선배님: 반갑네! 이번 휴가는 좀 길게 있다 나오는 거 같구만. 회사가 자금이 왜 부족해지나? 기성금수령이 지연되나 보네. 시기적으로 공정에 따라 미스매치가 될 때도 있잖아. 잘 운용을 해야지. 아직도 덥긴 하지만 서서히 수그러들듯이 모든 어려움도 시간이 지나면 어느 정도 해결되는 것이 세상의 이치가 아닌가. 내 위치 나이를 생각해 보고 곱씹어 보면 좀 더 생각의 폭이 넓어지지 않을까 몰러. 나도 소속감 없이 놀면서 무위도식함에 무력감을 느끼지만 주식이나 이자수익을 얻기 위해 항시 머리가 복잡하니 이것으로 자유직업이라고 위안하며 합리화시키며 사는 거지. 큰돈 안 까먹고 살려고 노력하는 거야. 요번에 주식시장이 완전 폭락장세를 경험하고 있으니 힘들긴 하네. 하지만 손해본 건 없고 이익이 현저히 줄어 그렇지만 다시 증가하기를 기다리고 있지. 어제가 환갑생일이었네. 며칠 전 가족모임으로 조촐히

축하연을 가졌지. 오늘부터 다시 시작하는 기분으로 살아야지. 무슨 일을 하던 최선을 다해 잘하는 것이 보람되게 사는 것일 거야. 나보다 책을 많이 본 것 같은데 지혜가 더 많을 터이니 긍정의 힘으로 파이팅 하고 살자구! 건강 제일!

2015년 9월 4일 금요일

안녕하십니까? 9월 들어 첫 번째 주입니다. 이곳은 더위가 한창이지만 아침저녁 제법 선선해졌습니다.

현장에 문제가 많고 저의 신상에도 변동이 예상됩니다.

어제 권고사직을 통보 받고 내심 어이가 없지만 내색 않고 있습니다. 다른 현장 관리차장도 권고사직을 같이 받았습니다.

다음 주 목요일(10일) 귀국할 예정이고 아내에게도 이야기를 해 놨습니다.

유가하락과 환율 등 열사의 나라 관기성 사업이 점차 어려워지자 회사가 휘청하는군요.

그동안 회장님께서 잘 지도하여 주서서 열사의 나라 생활을 잘 견디었는데 아쉬움 반 속 시원함 반입니다.

곧 추석이 다가오고 가을의 향취 속에서 늘 건강하시고 생활에서 많은 성취가 있으시길 기원 드립니다. 감사합니다.

2015년 9월 5일 토요일

영기 선배님: 유가도 오르고 기회가 되면 또 근무할 기회가 있다면 좋겠네. 막상 그만둔다면 직장에 대한 아쉬움이 더 클 거야 당장 수입이 없어지니. 허나 순리에 따를 수밖에 없으니 잘 귀국해서 또 기회를 찾아야지. 궁하면 통하리라. 기회는 노력하는 자에게 찾아온다는 말이 있듯이 잘 연구모색해야겠어. 인생은 늘 그렇게 예기치 않은 일들이 닥쳐오므로 평소 마음가짐대비가 있으면 좋겠지만 모르는 게 대부분이지. 그런 예측력이 필요한 거지. 암튼 마음 잘 추스르고 더 좋은 내일을 대비해보자고 건강 지키며 잘 추스르고 들어와서 보세. 파이팅!

2015년 9월 11일 금요일

결국 최종 퇴직키로 하여 오늘 오후 4시발 비행기로 귀국합니다. 만감이 교차하지만 그동안 응원과 지원을 아끼지 않으셨는데. 감사드립니다. 한국에서 인사드리겠습니다. 오늘은 간단히 마치겠습니다. 건강하십시오.

영기 선배님: 잘 들어와서 건강한 모습으로 웃으며 보세!

네. 감사드려요.

2015년 9월 13일 일요일

안녕하세요? 걱정해 주신 덕분에 어제 오후 4시 비행기로 인천공항에 잘 도착하였습니다. 가족과의 시간을 갖고 있습니다. 낮과 밤이 바뀌어 약간 시차가 적응되면 연락을 드리고 인사를 드리겠습니다. 감사드립니다.

어불성설語不成說 후기

플라톤	아리스토텔레스	
칸트	헤겔	
상대성이론	양자역학	string theory

무한   유한, 1차원 string (초끈)

보편적 입법 원리   준칙 + 감성

    양자역학의 사상思想은 아리스토텔레스의 철학이고 양자역학이 나오기 전 헤겔이 아리스토텔레스의 철학의 계승자이다. 양자역학의 사상은 이중성(二重性, Duality)과 불확실성(Uncertainty) 그리고 확률론 등으로 말할 수 있으며 추가하자면 상보성, 중첩성, 불연속성(Discrete), 비非국소성이다.

    우리 대한민국은 아니 한반도는 원래 하나의 통일된 나라였는데 헤겔을 필두로 하는 사상과 칸트와 쇼펜하우어로 이어지는 사상 즉 이념(Ideology)의 각축장이 되어 현재도 긴장이 계속되고 있다. 18세기 철학으로 인해 21세기의 사람들이 서로 싸우고 있다. 나는 이곳 한반도의 긴장해소와 평화적 공존을 위한 해결 방법을 18세기 쇼펜하우어와 헤겔의 사상적 싸움에서 과감히 탈피하여 글로벌한 우주 시대에 걸맞게 아인슈타인의 상대성 이론과 양자역학의 대결 구도에서 모색하고자 한다. 양자역학은 아무도 이해할 수 없다고 한 파인만이 나에게 만은 보이저 1호의 모래알갱이보다 작게 보이는 지구 사진을 통하여 영감(靈感, Inspiration)을 준 듯 하기 때문이다.

민코프스키 공간은 중력이 없는 시공간에서 빛의 속도로 일정한 그 무엇인가가 보존되고 있다.

$$G_{\mu V}=8\pi G_n T_{\mu V}$$

중력방정식의 사상은 인과론이며 뉴턴의 사고를 업그레이드 시킨 것이다. 이것은 주체와 객체가 엄격히 분리가 되어 있으며, 어떠한 물리적 실험에서도 관찰자와 관찰대상이 철저히 분리되어 있다.

내가 네가 될 수 없고 네가 내가 될 수 없는 상태이다. 하나님과 나와의 사이에는 영원한 절벽으로 인하여 도저히 다다를 수 없는 '예수님과의 관계예화'의 상태이고, 이는 유대인의 세계, 실체(substance)의 세계, 구약(Old Testament)의 세계이다.

민코프스키 공간에서는

$$x^2+y^2+z^2+(ict)^2=1$$

시간은 공간과 연결되어 있으며 그 Lorentz Transformation에서 보존되는 양이다.

우리 한반도 5000년 이상 고난의 역사를 갖고 현재도 아직 고난을 감내하고 있다. 하지만 타고르가 말한 '동방의 횃불'이라고 말한 것은 우리 한민족의 저력을 시인의 영감靈感으로 꿰뚫어 보았기 때문이다. 스포츠로 말하면 우리는 아직 연습게임만 되풀이 하고 있는 것이고 후반전이 아닌 전반전의 시간에 머물고 있고 아직 실전이 아닌 되풀이 되는 고난의 십자가만 지고 있는 것이다. 예수님의 영광의 부활 그리고 그를 믿는 부활신앙의 성도가 고난의 의미를 깨달을 때 하나님께서는 아마 스스로 영광을 우리에게 보여 주시지 않을까?

메트릭(Metric)은 일반상대성 이론에서 중력으로 인한 시공간의 곡률상태를 드러내 준다. 근대적 시간이란 것은 칸트에 따르면 내적직관의 형식이고 공간은 외적직관의 형식이지만, 20세기 물리학에서는 물리적인 양으로서의 시간과 공간이 생겨 개념의 전환이 이루어지고 현재까지도 이어지고 있다. 그러한 관점에서 보면 성경에서 말한 천년이 하루 같은 일이 가능하고 오천년의 한반도도 하루로 나타낼 수 있으며 시간의 개념은 각 개인의 정신적 모험 정도에 따라 달라질 수 있다.

일상적실재(Consensus Reality)에서는 하루가 비일상적실재(Non Consensus Reality)에서는 영원할 수가 있는 것이다.

엔트로피(Entropy)란 무질서 상태를 의미하며 기체가 열 받음에 따라 무질서도가 높아져 엔트로피가 증가한다고 하며 이는 역방향의 운동이 불가한 시간의 흐름을 말하기도 한다.

그러나 이러한 개념의 엔트로피는 중력이 없을 때이고, 중력이 있을 경우에 엔트로피가 높아짐에 물질이 한곳에 집중되는 현상이 일어나며, 블랙홀과 같은 상태로 수렴하게 된다. 중력, 핵력, 전자기력 중 아직 중력은 명확히 통일되지 못하였고 설왕설래하고 있다.

우리 한민족이 하려고 하면 안 된다. 우리 한민족은 선각자의 말씀에 따르면 먼 태초에 하나님께 영광을 돌리고 온 민족이다. 그래서 하나님께 영광을 돌리는 방법을 배우고 하나님께 맡겨야 한다. 그것이 우리 한민족의 오천년 역사의 지혜다. 마음관리를 잘하고 기분 좋은 "아! 좋다!"를 유지하는 것으로부터 시작해야 한다.

곡률 Tensor는 비례상수이고 Tensor는 Scalar(0차 Tensor), Vector(1차 Tensor), Tensor(2차 Tensor) 그 외 n차 Tensor가 있다. Scalar는 방향이 없는 양으로서 열과 같은 양을 말하며, Vector는 크기

와 방향이 있는 속도나 힘 또는 가속도와 같은 양이다. Tensor는 좌표계와 성분으로 이루어져 있으며 이는 Vector가 방향과 크기가 있는 것과 대응된다.

Scalar는　　3^0=1(1개 성분)

Vector는　　3^1=3(3개 성분)

2차 Tensor는　3^2=9(9개 성분)

......

n차 Tensor 는　3^n(3^n개 성분)을 말한다.

Ricci 곡률, Ricci Scalar, $-\frac{1}{2}$ 등은 아이슈타인의 중력방정식을 유도키 과정의 곡률이요, Scalar요, 상수이다.

플라톤적的 사상은 제시한 표의 왼쪽에서의 계보 즉 플라톤-칸트-아인슈타인의 족보로서 실체 중심, ∞(무한대), 소립자, 점(point), 인과율개념, 수학적 사고 등을 말하고 있다.

게오르규 헤겔은 루터파로서 우울증을 앓았다는 자료가 있다. 대체로 무슨 뜻인지 감을 잡을 수 있는 것 같다. 칸트는 미혼이고 프러포즈하기 어려워 그에게 반한 아가씨에게 프러포즈하는 것이 보편적 입법의 원리에 맞는 것인지 따졌을 것이고 결론을 내기 전에 그 아가씨는 결혼을 했을 것이다. 반면 헤겔은 결혼하고 가족을 꾸미는 과정이 신통치 않았지만 만년에 대가족을 거느렸다. 그리고 그가 이 교회에 출석하였는지는 모르지만 분명 루터파이고 우울증을 앓았다는 자료가 있다.

백과사전파의 헤겔은 그를 둘러싸고 많은 연구자들이 기둥이다 뱀이다 벽이다 하며 말하고, 현재 이곳은 그를 제대로 이해 못해 헬리콥터 소리가 들리고 시끄럽지 않은 곳이었던 조용한 아침나라가 아닌 게 아니게 되고 있는 것이 작금의 현실이다.

아마 쇼펜하우어와 헤겔이 추후 미래로 순간 이동하여 타임머신을 타고 이곳에 온다면 깜짝 놀랄 것이다.

왜냐하면 그들은 너무 많은 분신分身을 갖고 있기 때문이다. 플라톤과 아리스토텔레스는 그냥 가만히 모셔두자.

조금 가능한 게 아인슈타인인데 거의 갈갈이 찢겨 있다. 닐스보어는 내가 좋아하는 천재로 상보성이란 신기한 단어로 아슈인과 대적했고, 노벨상 수상식에서는 천재답게 주역의 문양을 한 옷을 입음으로써 천재임을 스스로 입증했다.

결국, 양자역학은 전에 말했듯이 제 1, 2차 세계 대전 반발과 연동된 물리학이며 그 뿌리는 18세기 철학과도 관계되며 그 기원은 그리스 로마의 헬레니즘 문화에서도 찾을 수 있다.

지금 내가 즐기는 것은 헬레니즘이 아니라 헤브라이즘, 히브리즘 쪽이다. 또는 그것이 가미된 헬레니즘이다.

예수님의 부활신앙은 누가 깨닫는 자가 있는가? 성경에서 다윗이 불완전함에도 끝까지 믿음을 잃지 않고 살아갈 수 있는 것은 구약에서 '충실한 다윗(faithful David)'이다.

모세는 유대교의 창시자이다. 히브리 민족의 영적 지도자이다. 바벨론 포로의 귀환과 이집트 대탈출(Exodus)는 모두 여호와 하나님의 뜻이다.

'Reality'의 세계는 사랑과 용서가 있고 느낌이 있고 감정이 있으며 네가 내가 되고 내가 네가 되는 아는 것보다 모르는 것이 더 많은 불확실한 세상이어서 조심조심 한걸음 한걸음 내디뎌야 하는 세상이다.

아리스토텔레스의 계승자 헤겔과 그의 현대판 과학이론인 양자역학과 끈 이론은 한계를 스스로 짓는 터닝 포인트(Turning Point)가 있고 수학적 점과 같은 개념이 아닌 1차원의 끈이 분명히 있는 것이다. 그만큼 이미 2000년 전에 예수님이라는 하나의 모델을 본다.

이미 우리는 깨달았던 사람들이고 이미 우리는 IQ가 만점이었고 죽을 수 없는 존재라는 깊은 깨달음이 있다. 아니 죽을 수밖에 없는 존재라고 역설(逆說, paradox)을 즐길 줄 알게 되는 것이다. 이미 선배들이 이룩해 놓은 깨달음에 따르면 이미 시간이라는 개념은 새롭게 해야 하고 시간이 지나 죽는다는 그 생각을 바꾸어야 하지 않을까?

예수님의 말씀을 우리는 믿지 않는다. 아무리 가르쳐 주고 보여줘도 못 깨닫는 사람은 못 깨닫는다. 아무리 열심히 가르쳐 주어도 이해 못하는 맹점을 가진 것이 우리 인간이다.

이데올로기(Ideology) 시대 종말과 개념의 종말 후 이제 우리는 양자역학이라는 학문을 대하고 있지만 정작 이를 공부하고 깨달으려 하는 사람은 드물다. 경제적 부귀와 정치적 권력을 평생 추구하면 항상 죽음의 두려움을 안고 살 수 밖에 없다.

한 철학자가 말한 세인世人으로서의 삶을 살아가면 그 종말에는 죽음의 두려움에 다다르게 된다. 그렇다고 그 어려운 고난의 길을 계속 겪을 수는 없다. 죽음의 두려움에 빠질 때 친구의 동행 같은 동류의식을 느낀다면 쉽사리 극복할 수 있다. 그 고난을 단지 어리석게 참기보다 양자역학의 지혜와 초끈이론의 지식을 살펴보자. 보이저 1호의 먼지보다 작은 지구 사진을 핸드폰 바탕화면에 깔아 놓고도 그게 무엇을 뜻하는지 모르는 시대이다.

우리는 다니지 않은 유치원 때에 우리가 살아 나가야 할 모든 지혜를 이미 배웠다. 이미 하나님께 영광을 돌리고 태어난 존재들이 인간이 아닐까? 새나 매미 그리고 동물들은 아직 하나님께 영광을 돌리는 방법을 찾고 있는 것이다.

일찍이 대大선배들이 달에서 본 지구 모습을 보고 인종차별(racism)의 무의미함과 하찮음을 설파하지 않았는가? 총을 쏘고 싸우는 인류의 현재 모습을 보면 대선배들이 무덤에서 편히 잠을 못 이룰 것이다.

내 휴대폰에 잠금 화면에 보이저 1호에서 찍은 먼지보다 작은 지구의 사진이 올라가 있지만 가끔만 보자. 태양은 약간 빗기운 각도로 보아야 한다. 정면으로 응시하면 눈이 타들어 간다. 참 진리도 그러한 것이다. 찰나의 깨달음과 영겁의 회상이 그 노력이 있는 것이다. 잃어버린 DNA 조각을 우리는 찾았는가? 누군가 찾았을 것이다. 찰나의 순간에. 그리고 영겁의 시간으로 바로 들어갔을 것이다. 약간의 흔적을 남기고.

은하계(Universe)에서 살고 있는 사람들은 오직 'truth-based theory'에 대가大家들이다. 네가 틀렸으니 내가 맞고 그래서 너는 죽는다. 그들은 이중성(二重星, Duality)의 세상, 내가 너이고 네가 나인 양자적 파동 입자 이중성의 생각을 할 줄 모른다. 100% 진리만을 추구하며 99.999%에도 그 모자람으로 조급증과 좌불안석이다. 양자적 불확실성 원리는 원리적으로 불완전할 수밖에 없음을 말하지 않았는가? 수학적으로 괴델은 논리체계의 불완전성을 설파했다.

그는 새로운 숙제를 주었고, 우리는 또 업그레이드 할 시간이다.

성인(聖人)을 위하여
심창용 지음

발행처·도서출판 청어

발행인·이영철

영업·이동호

기획·천성래 이용희

편집·방세화

디자인·김희주

제작부장·공병한

인쇄·두리터

등록·1999년 5월 3일
(제321-3210000251001999000063호)

1판 1쇄 인쇄·2017년 12월 10일

1판 1쇄 발행·2017년 12월 20일

주   소 서울특별시 서초구 효령로55길 45-8

대표전화·02 − 586 − 0477

팩시밀리·02 − 586 − 0478

홈페이지·www.chungeobook.com

E-mail · ppi20@hanmail.net

ISBN | 979-11-5860-512-4(03100)

이 도서의 국립중앙도서관 출판예정도서목록(CIP)은 서지정보유통지원시
스템 홈페이지(http://seoji.nl.go.kr)와 국가자료공동목록시스템(http://www.
nl.go.kr/kolisnet)에서 이용하실 수 있습니다. (CIP제어번호: CIP2017026474)